はんなり美人のお財布術

上手にためて、かしこく使う

税理士
武田美都子

はじめに

長引く不況もあってか、世の中にはいわゆる「マネー本」があふれています。しかし、そうした本の強い主張や、あけすけな口調に、正直疲れてしまっている人も多いのではないでしょうか。

私は、生まれてからずっと京都で暮らしており、京都に長く息づく「はんなり」とした姿勢、つまり、上品で明るく華やか、それでいて芯のあるさまを、女性のライフプランに活かせないかと考えてきました。

この本は、女性が自信を持って前を向いて進んでいってもらえるよう、お金の管理や情報の把握の大切さを伝えたいと思っています。

第1部では、日ごろ使われるお財布の使いかたを工夫することによって、お金の管理能力が身につく使い方をアドバイスしています。お金の管理能力を身につけることによって人生の選択肢が増え、違う世界が広がっていくと思います。「たまった」「私でもできる」と感じることは自信になるでしょう。

第2部では、人生で訪れる様々な局面で必要となる情報を集め、なにかととっつきにくいお金や税に関する専門用語についてわかりやすく書いたつもりです。すべてを通読せずとも、その局面になったときに該当するページを開き、必要な知識を得る、という使いかたもしていただけます（世の中には、良かれ悪しかれ「知っている人だけが得をする」ということがあります）。

今の世の中はインターネットなどの発達によって、情報は過多となり、そのなかから正しい情報だけを見つけ出すのが難しくなっています。この本では、わかりやすさを優先したため、個々のことについて詳細に書いていないところもありますが、より詳細な内容については公的機関のサイトなどで詳細を確認していただくとして、まずは「とっかかり」にしていただけたらと思っています。

正しい情報を調べようにも　道しるべがないと調べられません。この本があなたを救う「とっかかり」になれば嬉しいです。

平成26年5月　武田美都子

contents

第3章　ちょっとした工夫がお金をためる！

第2章　結婚で変わるお金のあれこれ

第5章
転職、退職で変わる収入

第6章
医療費控除、適用のススメ

第7章　介護負担を軽くするには、自ら動くこと

第8章 家を買うのに必要なお金

巻末付録

おわりに

第 1 部

「お金をためなくちゃ」「節約しよう」と思ったことがない人はいないでしょう。

お金があれば、欲しいと思った洋服を買うことができます。気分転換に旅行に行くこともできるし、老後の不安が少し解消するかもしれません。いうまでもなくお金はあるにこしたことはありません。お金が増えれば、選択肢が多くなり可能性も広がります。

しかし、お金をためるのはなかなか難しいものです。残高の増えない預金通帳を見ながら「あぁお金がない」「ムダ使いしちゃダメだ…」と思っていると、たまるのはストレスばかり…。

どれほど望んでも、お金は天からふってきません。「お金をためたい」という望みを叶えるための方法は二択です。「収入（入ってくるお金）を増やす」か「支出（出ていくお金）を減らす」のどちらかになります。そして、「収入を増やす」より「支出を減らす」ほうが「お金がたまる」という結果を出しやすいです。

「じゃあ、どうやって支出を減らすの？」「お金を使わなきゃいいの？」と思われることでしょう。

「余計なものは買わない！」と自分をコントロールし、お金を管理できていれば、とっくにたまっているでしょう。でも、人間、そんなに強くないですよね。「言うは易《やす》し、行うは難《かた》し」ということわざもあります。

そこで、私達がすでに持っているよいお金管理ツールを使いましょう。それはお財布です！　毎日使うお財布を正しく利用すれば、お金の管理能力を身につけることができます。

お財布の選びかたや、使いかたをちょっと工夫することによって、

「予算」（自分が使ってもいいお金の範囲）

「記録」（何にお金を使ったか）

「決算」（結局、いくら貯金ができたか）

「分析」（何をどう変えたら貯金ができるか）

を把握し、管理することができます。

つまり、お金の管理能力を身につけることができれば、お金はためられるようになるのです。それでは、次ページから、具体的にみていきましょう。

第1章 お金がたまるお財布選び

第1節

お金がたまるお財布がほしい！

「金運の上がるお財布」を買おうかと思うのは、金運が上がるお財布を持つことにより、お金がたまることを期待するからですよね。それなら最初から、お金がたまるお財布を選びましょう！　それが最も近道です。お金がたまるお財布とは、「お金を管理するのに適しているお財布」です。では、お金を管理するのに適しているお財布とはどういうものでしょうか？

それはお金の流れ（出し入れ）を、「見える化」することのできるお財布です。何にいくら使って、あといくら残っているかがお財布を開け閉めするたびに見えるのが、「お金がたまるお財布」なのです。

企業は会計で日々のお金の流れを見える化しています。そこで私達も、会計のかわりに日々のお金の流れが見えるようなお財布を選べば、お金の管理能力が身につき、結果、お金がたまるというわけです。お財布を開くたびに残金が確認できると、次第にお金をやりくりできるようになります。ストレスなく出費をコントロールするには、出費自体にブレーキをかけるようなノウハウをさりげなく日々の行動に取り入れてみることです。以下、具体的にお財布のかたちや使い方を見ていきましょう。

第２節

長財布を使ってみよう

お財布は、長財布と折りたたみ財布の２種類が主ですが、お金の管理能力が身につくまでは長財布をおすすめしています。お財布を使えるお金（予算）を入れている箱と考えてみると「あといくら残っているのか」が常に認識できるお財布のほうが管理するのに適しています。つまり「お金の流れを見える化する」→「お金を管理する力が身につく」→「お金がたまる」、という流れです。

長財布のほうが「あといくらお金が入っているか」がわかりやすいのは、その構造に理由があります。長財布と折りたたみ財布、それぞれのお札入れ部分を比べてみてください。実は、折りたたみ財布のお札入れの部分は、逆さにしてもなかのお札が落ちないように少し深くなっています。お札がお財布のなかに完全に入りきってしまっており、広げてのぞいて見ないとあといくらお金が入っているかが確認しづらい構造です。一方、長財布は、なかに何枚お札が入っているか一目瞭然です。

つまり、お財布をぱっと開けて一目でお札が何枚入っているかがすぐわかるという点では、長財布のほうがはるかに優れているので、支払うときなど、お金を出し入れするたびに「あといくらある」とか、「今日はいくら使ったか」などお金の流れを無意識に

第3節 レシートの居場所を用意して

確認することができます。すなわち、お金をためるのに必要な「見える化」がされているのは長財布なのです。

さらにお財布のなかを見ていきましょう。確認するのは、お札入れの部分が二つに分かれているかどうかです。これはお札を分けて入れるためではなく、一つはお札を入れ、もう一つには買い物をしたときのレシートを入れるためです。ただし、レシートを入れる部分がどこかにあれば、お札入れ部分は一つでもかまいません。

お金を使うときのことを考えてみてください。お財布からお金が出ていき、その代わりに入ってくるのはレシートです。出ていったものの代わりのものがお財布に残っていないと、人はお金を使ったことを忘れてしまいがち。でも、レシートがあれば、その出費をなかったものにするわけにはいきませんね（笑）。これも「見える化」の一つです。

レシートの居場所を財布のなかに用意すれば、支払いをするたびにレシートをもらうことが習慣になります。お財布を使うことによってお金の出入りを実感することが大事なので、「お金を使った代わりに、レシートが入る」ということで、買い物をしたという実感を持ちましょう。「お財布のなかがレシートでいっぱい！」ということは、それだけたくさん買い物をしたということです。また、お札を出すときとレシートを入れるときの2回、お札入れ部分を見ることになるので、そのたびにお財布のなかに「あといくらあるか」を目で確認することができます。

お財布のなかに、レシートの居場所を作ってあげましょう！

第4節

小銭も一緒に入れてあげる

小銭入れ部分の有無を確認するのは、お財布の他に小銭入れを持たないようにするためです。お財布に厚みがでるのがイヤで小銭を入れる部分がついていないお財布を選ぶ人もいます。また、小銭入れ部分があってもお財布がすぐにボロボロになってしまうという理由で、小銭入れ部分は使わないという人も。このような場合、小銭入れを別に持つことになるのですが、それはあまりおすすめしません。お財布を開けるたびに無意識に「いま、お財布にいくら入っているか」を視覚からとらえることが大事なのですが、小銭入れが別だと小銭を見ないので「あといくらあるか」にカウントされません。

お財布に厚みが出たり痛むのがイヤであれば、そうなってしまうほどの小銭を入れないように心がけましょう。ウエストゆったりの服を着ていると、なぜか太ってしまうように、入れる器を大きくしてしまうと、なかに入るものがなぜか増えてしまいます。小銭入れを別に持つと、小銭が増える傾向にあります。詳しくは後述しますが、小銭を多く持たないお金の使いかたが、お金をためるコツです。開けると中身が見渡せるような、ちょうどよい大きさの小銭入れ部分があるお財布を選びましょう。

第5節

多くを求めちゃダメ

「大は小を兼ねる」とばかりに、「この大きさなら、外国のお札も入るから海外旅行で使える」とか「カードがたくさん入る」とか「こんなところにポケットがあって便利」など、お財布に多機能を求める人がいます。たしかに、様々な場面で使えるお財布はなんだか得した気分がします。しかし、「お金をためやすいお財布＝見える化できているお財布」なので、多機能を求めないほうがよいでしょう。多機能なお財布は、一般的なものよりちょっと大きかったり、開けるのに手間取ったりすることがあります。日常使いに適したものを選びましょう。

旅行には、使い古したお財布やポーチなどを旅行用として持っていけばよいのです。

第6節

選ばれしカードを入れる

家計用のお財布などが必要な場合は、目的に応じたお財布を用意してもよいので、普段持ち歩くお財布はなるべくシンプルなかたちをしているものがおすすめです。前にも挙げましたが、器が大きくなるとなかに入れるものも増えてしまい、見える化からは離れたお財布となってしまいます。

「節約しているのですが、なかなかお金がたまらなくて…」という人のお財布を拝見するとクレジットカード、ポイントカード、メンバーズカードなどのカード類でふくれあがっていることが多いものです。

一方、計画的に貯金ができている人のお財布を拝見すると、必要最低限のカード類しか入っていません。枚数が少ないということは、自分に必要なカードが選別できているということです。そして、選別ができるということは、自分の出費傾向が把握できているということです。衝動買いが少なく、出費が計画的であり、お金の管理能力が身についているのです。逆にいうと、お財布のカード入れ部分を制限することで、持ち歩くカードを厳選しなければならなくなり、結果、お金の管理ができるようになるということでもあります。

よって、「カード入れ部分が多ければ多いほどよい」という発想は、捨てましょう。お財布に入れて持ち歩くカード類はクレジットカード、ポイントカードを含め5枚くらいまで。カードがたくさん入っていると、お財布も型崩れしたり、痛みやすくなります。カード入れを別に持ち歩く人もいますが、これもおすすめはできません。めったに使わないカードは、自宅に置いておきましょう。最初は不安に感じるかもしれませんが、慣れれば「別に持ち歩かなくてもよかったんだ」と思うはずです。

第7節

ギュッて持ちたいお財布ですか？

どちらかといえば長財布で、レシートの居場所があって、小銭入れは適度な大きさで、カード入れ部分は5個くらいというお財布。では見た目は？　今年のラッキーカラーがよいのか、ブランド物がよいのか…。

これは、自分が気に入ったものであるのが一番だと思います。お財布は、お金を入れる大事なものです。「とりあえず」と妥協で選ばず、気に入ったものにしましょう。気に入ったお財布を大事に長く使うことによって、新しいお財布を買う出費も抑えられます（笑）。入れ物（お財布）に興味や愛着を持つことによって、中身（お金）にも関心が持てるようになるでしょう。「お財布が大事＝お金が大事」という図式です。

また、気に入ったお財布なら、不要なものをたくさん入れてお財布をふくらませるというような使い方はしませんよね。お財布をすっきり使うためにも、ぜひギュッと持ちたいような、すてきなお財布を選んでください。

1 Column

「お金を管理し、ためる」ということは、個人だけでなく企業も行っています。企業というと難しく感じるかもしれませんが、街のカフェやベーカリーなども、売上という収入を得て、経費を使いながら、利益を出していっています。では、企業は、継続していくためにお金のやりくりをどうしているのでしょう？

企業は、日々のお金の動きを「会計」というもので管理しています。会計とは、お金の出入りを記録、計算して情報化し、管理した結果、分析対応を行うことです。要するに、企業も家計簿をつけているのです。企業は、日々のお金の流れを「仕訳」というかたちにし、その仕訳を元に、「財務諸表」という表をつくって会社の状況を一目でわかるようにしています。会社の現状がわかるようにしておく必要があるからです。会計がしっかりできている会社は、計算やお金の管理ができているので、資金繰り（お金のやりくり）もよく、お金も増え経営を続けられます。

第2章

お財布の中身を全部出せ

第1節

お財布のなかに入れるのは

お財布を選ぶことができたら、次はそこに入れるものの確認です。やたらとふくれあがったお財布を拝見することがあります。角がすり切れていたり、お財布が痛んでる様子もうかがえ、まるでお財布の「もう限界です…」という声が聞こえてきそう。

なかからは、薬、バンドエイド、お守り、クリップにガムなど「お財布に入れておくもの？」というものがたくさん！「これは大事だからお財布のなかに入れて、いつも肌身離さず…」と入れられている写真も、その居場所の狭さにボロボロになっていたりします。

なんでもお財布に入れておくと、安心なのはわかります。でも、お財布は四次元ポケットではないのです。「お財布に入れるべきもの」以外のものを入れて、お財布を傷ませ、ごちゃごちゃにして、お金管理ツールとして使えなくなってしまうほうが、よっぽど安心できません。お金の管理をするには、すっきりしたお財布である必要があります。

計画的な行動は計画的な出費につながり、お金がたまるという結果を生み出します。計画的な行動をしなければならないように、お財布のなかには必要なものだけを入れておきましょう。そこで、お財布の中身を一度すべて出してしまってください。今、使っているお財布のなかから必要でないものを抜き出すのではなく、とにかくいったんすべて出すのがポイントです。そして、そこからお財布に入れるべきものを選んでいき、それぞれの居場所を決めてお財布のなかに入れます。お金と、最低限必要なカード以外は心を鬼にしてお財布に入れないようにしましょう。

お財布の乱れは、お金の乱れ。「あといくらあるか」がわからないと、人はなぜか不安になって出費の管理ができなくなります。使ったお金や残金など、お金の流れを見える化するにはお財布のなかを整理して、綺麗にしておく必要があります。まずは入れるべきものを選びましょう。第2章では、お財布のなかに入れるべきものを説明していきます。

2

Column

企業で行っている「会計」では、日々のお金の流れを記録して、それを内容に応じて「科目」という仲間分けをします。お金の流れをまとめて一覧表にしたものである「財務諸表」には、仲間分けをした科目がどこに表示されるかが決まっています。それぞれの科目の居場所が決まっているのです。これは会計の原則「明瞭化」によるものです。

この考えをお財布の使いかたに応用すると、お財布に入るものもそれぞれの居場所を決めるということになります。それぞれの居場所があって、「ここに、これが入っている」とはっきりしていると、見やすく、管理しやすいですよ。

第2節

1万円でいこう

お財布に入れるべきもの第1位は「現金」ですね（笑）。ではこの現金、いくら入れておくのがよいでしょう？　よく聞かれるのですが、普段は1万円程度で充分と答えています。すると、「それでは食事に行くことになったときに、お金が足りなくて困る」などといわれます。でも、それってどんな状況なのでしょうか？　前から食事をすることが決まっていたのなら、前夜にその食事代をお財布に入れればすむことです。お金が足りなくて困るのは、急に食事に行くことになった場合ですよね？　1万円では足りないというような機会が月に何回もあって、それに毎回参加していたら、当然お金はたまりません。

「1万円ではお買い物するときに困る」というのも同じこと。「今度の日曜日に洋服を買いたいな。予算は2万円かな」と思ったら、土曜の夜にお財布に2万円を入れればよいのです。いつでもお買い物に困らない額をお財布のなかに入れておくということは、いつでもお買い物ができてしまい、ムダな出費をする可能性を高めているということです。

多すぎる現金はお財布のヒモをゆるめ、無計画な出費へといざないます。常に臨戦態勢でいる必要はないのです。**お金をためたいのであれば、お財布のなかの現金は1万円**

まで！　前夜に予算額をお財布のなかに入れるという、計画的な行動をせざるをえないようにしておくことです。また、お財布に現金をたくさん入れておくと、万が一、お財布を落としたときに後悔することになりますよ。

3 Column

企業には「予算会計」というものがあります。１年間の収入と支出を予測し、「こう使いたい」という支出が収入より多ければ収入内におさまるように調整します。そうでないと赤字になってしまいます。予算を組むことによって、企業の希望が具体的なものとなり「黒字」という目標を目指すことができます。つまり、予算があることで目標達成のための行動が起こせるのです。また、予算を常に意識し「どれくらい予算を使っているか」という管理を行っていくことにより、目標達成はさらに近づいていきます。

個人の場合、お給料という収入の額は決まっていることが多いので、企業より予算が組みやすいといえます。「予算」というと難しいですが、「毎月の手取りは20万円で、そこから家賃８万円を払うと、使える残りのお金は…」と考えるのが予算会計です。ですから私達の場合も同じようにしてお財布のなかを「見える化」して、お財布を開けるたびに「どれくらい使っているか」を無意識に把握していくようにすればよいのです。

まず「自分が使えるお金（＝予算）はいくらなのか？」を把握して、それを管理しながら使えるようにするツールがお財布なのです。

第3節

ポイントカードへの愛はそこそこに

ポイントカードを何枚も持っていて、お財布のなかには収まりきらずカード入れを持ち歩く人がいます。そういう人は「このなかでここ1か月以内に使ったことのあるポイントカードはどれですか？」と聞かれても答えられないでしょう。それでも「いつも使うことはないけれど、いざというときにポイントカードがないと、ポイントがたまらず損をした気分になる」と持ち歩いているのです。

「ポイントカードを忘れたときの損をした気分を避ける＝お買い物上手」という思いこみを捨てましょう。ポイントカードを忘れて実際いくら損していますか？「カードを忘れました」といえば新たに作ってくれたり、「次回まとめますね」とか「レシートにスタンプを押しておきますので次回お持ちください」というような対応をしてくれるところがほとんどです。ポイントカードは、安心して自宅に置いておきましょう。また、予約をとって行くような美容院やエステ、ネイルサロンなどは行く日（ポイントカードが必要な日）があらかじめわかっているわけですから、前日にポイントカードをお財布に入れればよいのです。

ポイントカードには期限があったり、「あと○円買ったらサービスがありますよ」などといわれたりして、ポイントをためるために買い物をしていることも…。これぞ余計な出費です。また、「これを買おうかな」と迷ったときに「ポイントカードを持っているし、買おう！」とお買い物を後押しするようなこともあります。ポイントカードは必要以上に作らず、「気づいたらポイントがたまっていた」というくらいの使いかたがベストです。

4
Column

ポイントカードというのは、ポイント分をサービスや値引きといったかたちでお客に還元するので、お店側にすれば損をする行為です。損ばかりしていては商売が成り立たないので、お店側にもポイントカードを発行するメリットがあるはずなのです。

例えば、「リピーター」「お客の囲い込み」「個人情報取得」などが挙げられるでしょう。そして、売上促進です。あまり流動しない商品に「この商品を買うと、ポイント2倍」とポイント特典をつけて販売するのです。「ポイント2倍デー」などを設定し、ポイントのための買い物（＝余計な買い物）を促進、ポイント使用期限を設定して期限内にポイントを消費させるために（消費者にとっては）ムダな出費をさせます。よく注意しておかないと、ポイントデーのときには通常よりもポイント付加分高い値段設定になっているかもしれません。

お店側の戦略に乗らずに、ポイントカードはかしこい使いかたをしましょう。

第4節

クレジットカードは厳選して

クレジットカードを何枚も持っている人は、お金がたまらない傾向にあります。

理由としては、出費の実感が得にくいことや、使ったお金を一覧で見ることができないということが挙げられます。

クレジットカードでお買い物をしても、お財布のなかから現金はなくなりません。そのための出費をしたという感覚を得にくいため、注意しないと、1か月後の引き落としの際に青ざめることになります。クレジットカードは、支払いを先延ばしにするという点において、プチ借金であることを認識してください。クレジットカードが何枚もあれば、それだけ借金できる枠が増えることになります。なるべくムダ使いをしないようにしてお金をためようと思うのであれば、増やす必要はありません。

また、カード会社によって引き落とし日が違うのも盲点です。たとえば3枚のクレジットカードを持っているとしましょう。1枚目は引き落とし日が5日、2枚目は15日、3枚目は25日だとします。3枚のクレジットカードを持っていたら請求書は1か月に3枚、しかも引き落とし日がバラバラなのでそれぞれタイムラグがあります。最近は、紙の請求書が送られずネットで確認するようになっていることもあります。ログインが面倒でその確認さえしないという人もいます。

1枚目で2万8千500円の引き落とし、2枚目は4万2千円、3枚目は2万7千500円と請求明細書もバラバラに届くのでそんなにお買い物をしていない気になりますが、これが1枚のカードだと9万8千円の請求書がきます。もしも9万8千円の請求書が届いたら「ほぼ10万円！　お買い物しすぎた！」と反省することでしょう。1か月に約10万円ものカード支払いをした場合、1枚の請求書で届いたときの印象と3枚の請求書がバラバラに届いたときの印象はまったくちがいます。おそらく3枚の請求書の場合は「今月は10万円も使ってしまった！」と大きなショックは受けないでしょう。

請求書がバラバラに届くと（確認したくない気持ちもあり）「ふーん」と見過ごして、1か月の間に使った総額を見ぬふりすることができます。出費が多くてお金がたまらない人は、使った総額を見る機会を持つべきなのです。そのため、クレジットカードは1枚にしましょう。1枚にすれば、カード利用額に応じてもらえるポイントも、分散せず効果的にためることができますよ。

第5節

クレジットカードの分散はポイントの分散

クレジットカードを複数枚持っている人に、「そんなに必要ですか？」とたずねると「このAカードはAスーパー用で、洋服はBデパートで買うことが多いのでBカードは必要なのです。ネットはCカード、電化製品を買うときはDカードなら割引額が高くなります。こうして使い分けているのですよ」と自分がまるでお買い物上手であるかのように説明します。

自社クレジットカードを持っている販売店は、自社クレジットカードの利用額に応じて割引率を変えています。つまり、自社への貢献度（＝自社にどれだけお金を使ってくれたか）によってサービスを変えているわけです。

また、「あと○○円購入すれば割引率は○％になります」とか「カードをお持ちの方は○％引き」など出費を促進する情報が送られてくるのは、自分のところの売上を増やしたいからです。「あと5万円買えば、5％引きになる！　なんておトクなんだろう。あの悩んでいた洋服とバッグを買おうかな」とムダな出費の後押しすることにもなりかねません。**クレジットカードの利用額によるサービスやポイントはあくまでもおまけです。おまけにふりまわされて必要以上の出費をすることがないようにしましょう。**

また、複数枚のクレジットカードを持つことは、お金をためるという視点からはマイナスになることが多いです。購入額は分散されるので、利用額に応じてつくポイントも分散するためです。たまったポイントを活用するには端数がなく、まとまったポイントのほうが利用価値があります。「ここでは、このクレジットカードを使えばポイントが2倍たまる！」などといって得をした気になるのではなく、ポイントを分散させていることに気づいてください。

5
Column

お客がクレジットカードで支払いをすると、そのお店はクレジットカード会社に手数料を支払うことになります。だいたいカード利用額の5%弱です。つまり1万円の販売を現金で支払われた場合は、現金1万円がお店に入りますが、これがクレジットカードで支払われた場合は500円の手数料が引かれて9千500円が1か月後に入金されることになります。クレジットカードでの売上は、企業にとって決して歓迎すべきものではないのです。それでもクレジットカードの取扱いを行うのは、現金よりクレジットカードのほうがお財布のヒモがゆるくなるからです。企業にとっては売上、お客にとっては出費が増えやすいのです。クレジットカード利用額での割引やポイントも、単なるサービスではありません。企業にとってこれらは実質的な値引きであり資金繰りを圧迫します。しかし、顧客情報の取得（ダイレクトメールなどを出せる）や購買意欲をあおる広告により、結果、売上を伸ばしているのです。企業は利益を出して、従業員に給料を払っていかなければなりません。自分達が損をして、消費者だけが得をするようなことを企業は絶対に行いませんよ。

第6節

還元率だけに心奪われない

クレジットカードやポイントカードの選びかたとして「還元率」ということがよくいわれます。還元率とは、「いくら使ったら、いくらポイント（何円）返ってくるか」というものです。そして、いくらに対してポイントがつき、その1ポイントが何円に換算されるかということでもあります。

「1ポイントが1円換算・200円で1ポイント（1円）つく」のなら「1÷200円」で還元率は0.5%です。還元率の高いカードを利用すれば同じお金を使っても、戻ってくるポイントが多いのでおトクということになります。具体的にいうと、200円で1円つくより、100円で1円つくカードのほうがポイントがたまっておトクということです。

ポイント還元率は、カードを選ぶときに考慮するものですが、還元率だけに着目してクレジットカードやポイントカードを作るとカードにコントロールされることになってしまいます。一般的なカードの還元率は0.5%程度です。5千円の買い物をしたら25円（5千円×0.5%）得をするだけです。5万円分の得をしようと思えば1千万円分の出費をしなければならないのです。

ポイントというのはあくまでも「おまけ」「副収入」であることを忘れないでくださいね。

第7節 たかが年会費　されど年会費

「このカードは、年会費がかかるけど、ポイント還元率が高いから損していないよね?」…果たして本当にそうでしょうか? 年間いくらお買い物をし、何ポイントためれば年会費をまかなえるのか考えてみてください。

具体的には「年会費÷還元率」で計算します。年会費千円の場合、元をとるには年間で千円相当のポイントをためなければなりません。

たとえば、還元率が0.5%とすると、「千円÷0.5%＝20万円」です。つまり年間20万円以上そのカードを利用して、ようやくトントンということです。ポイントでまったく得はしていません。年間20万円以上、確実にそのカードでお買い物をするのであればよいのですが、ポイントで年会費をまかなうためにお買い物をするようになっては意味がありません。よく、初年度は年会費が無料となっていて2年目から年会費がかかるということがあります。初年度特典もいっぱいついています。「年会費がかかるようになったら解約すればいいわ」などと思って加入したら最後、1年後には「年間千円くらいだし…」という考えに変わっています。カードの解約は結構面倒で、いつの間にか自動更新されていたりして、なかなかできないものです。年会費のあるカードを選ぶのであれば、毎年年会費を支払うことになるという前提で、損をしないための使いかたをきちんと考えましょう。

第8節

ポイントをためてみたものの

カード利用に応じてつくポイントの利用についても、考える必要があります。たとえば、マイルによる航空チケットを使える境遇であれば、マイルがたくさんたまるカードは意味があります。しかし、お正月やお盆しか休みがとれないとか、友達とツアー旅行しか行かないといったような人は、必死になってマイルをためる必要はありません。マイルはお正月やお盆には使えず、ツアー旅行にも使えませんし、友達と旅行に行くのに「私はマイルで航空チケット取るから」とはいえないでしょう。一方、よく出張に行く人や、お休みが結構自由に取れる人などにはマイルをためる意味があります。

ポイントやマイルは便利に使ってこそ、ためる意味があるのです。使わないものをためて、「せっかくためたんだから」と無理矢理カードを使う、つまり出費をする機会を作っていては本末転倒ですよね。

自分でもムダな出費とうっすら思っているときに、「でもマイルもたまるし」と言い訳にしがちですが、マイルをためるためにムダな出費をしていても意味がありません。

目先の「おトク」に心を奪われて大切なお金を失わないようにしてください。

第9節 あなたの1枚は出費パターンで

結局、自分にとっての1枚を選ぶには、あなたの出費行動パターンからどういった系列のクレジットカードを持つべきか考えるとよいと思います（もちろん持たなくてもよい、という判断もありえます）。クレジットカードには、銀行・信販系・百貨店系・スーパー系・コンビニエンス系・航空系などがあります。

クレジットカード利用によってためるポイントは、何度もいうようにあくまでもおまけです。

一番よく買い物をするお店の系列でクレジットカードを作り、そのお店以外でのクレジット利用のために信販系の付帯をつけるのがおすすめです。Aデパートの発行している「Aカード」にBクレジット会社の「Bクレジット」をつける、というスタイルです。まず自分の行動範囲から選ぶことが大切です。

次に、年会費は無料かどうかを確認します。年会費がかかるのであれば、ポイント還元率から、年会費をまかなえるだけの年間購入額があるのかないのかを検討します。信販系の付帯をつける場合は、ポイント還元率や自分の望むようにポイントが使えるかどうかを考慮して選ぶようにすれば、あなたが一番得する1枚を選ぶことができると思います。

「ポイントをためている」という行為の裏側には、「出費がついてまわっている」ということを忘れないようにしてください。

第10節

お財布はすっきりでお金がたまる

お金とカードの他にお財布に入っているのは、免許証や診察券、健康保険証などでしょう。しかし、診察券も健康保険証も自宅に置いておけばよいものです。お金と同様に、診察に行く前日にお財布に入れればよいのです。急に病院に駆け込む場合を心配するのであれば、手帳などに保険証書番号と有効期限を記しておけば対応してくれるところが多いです（あとから原本を見せる必要はありますが）。免許証も、毎日運転しないのであれば、持ち歩かなくてもよいでしょう。

お財布には、本当に必要なものだけを入れて、すっきりシンプルに使うようにしましょう。普段から色々と入れてあると、お財布を落としたときに個人情報の流出や再発行の手間が心配なものもあります。リスクを事前に回避しておくのも、とても大事なことです。

第3章 ちょっとした工夫がお金をためる！

第1節

小銭をじゃらじゃらさせない

第1章でも書きましたが、小銭はなるべくお財布のなかに定住させないよう心がけてください。それは小銭から先に使うことを意識して支払いをするということです。なぜかというと小銭になっていくとお金は不思議とすぐになくなっていきます。大きなお札をくずさないようにすることが大事です。実際にやってみましょう。お財布には5千500円入っているとします。

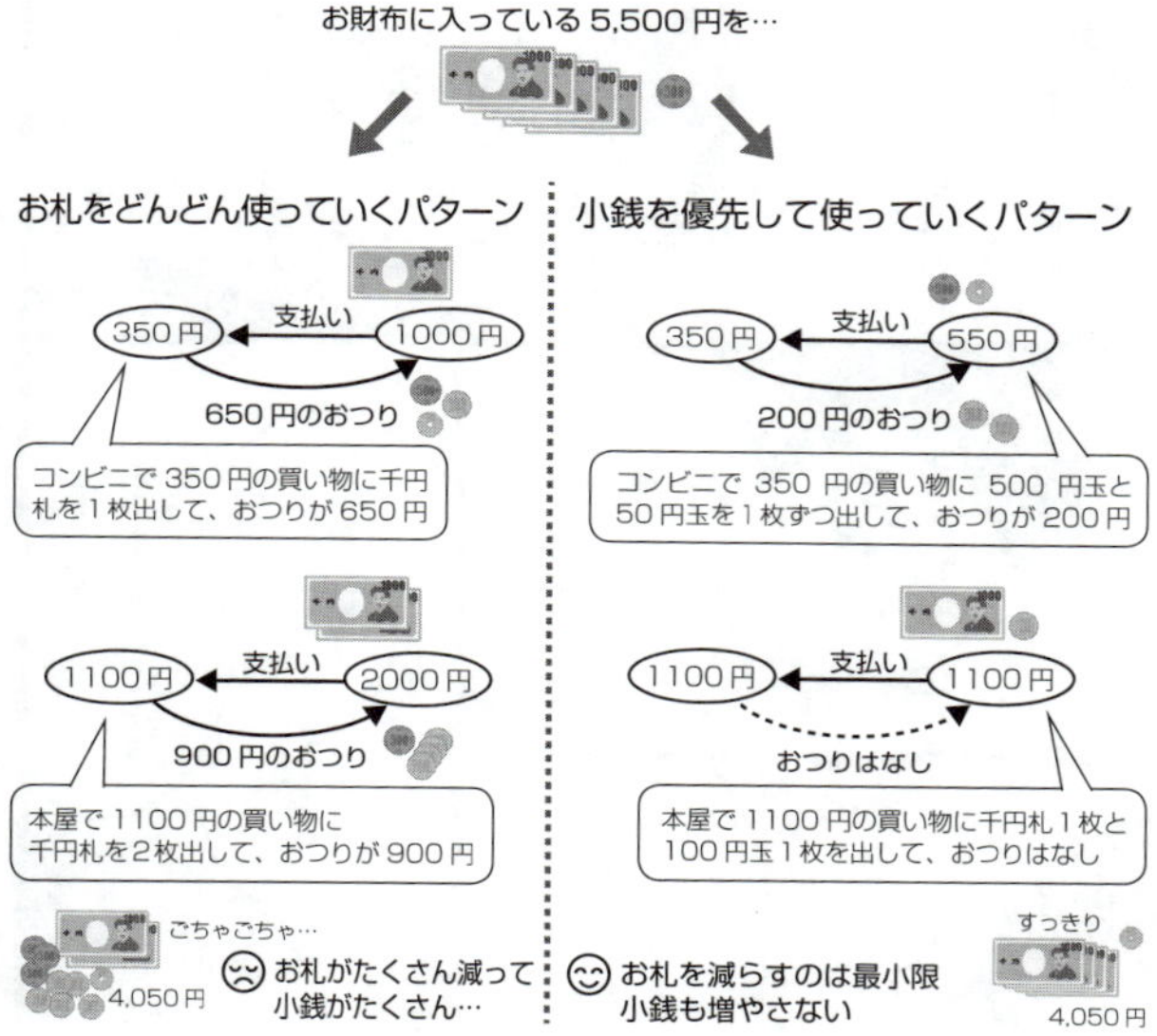

お財布に入っている 5,500 円を…
お札をどんどん使っていくパターン
350 円
支払い
1000 円
650 円のおつり
コンビニで 350 円の買い物に千円札を1枚出して、おつりが 650 円
1100 円
支払い
2000 円
900 円のおつり
本屋で 1100 円の買い物に千円札を2枚出して、おつりが 900 円
ごちゃごちゃ…
4,050 円
お札がたくさん減って小銭がたくさん…
小銭を優先して使っていくパターン
350 円
支払い
550 円
200 円のおつり
コンビニで 350 円の買い物に 500 円玉と 50 円玉を1枚ずつ出して、おつりが 200 円
1100 円
支払い
1100 円
おつりはなし
本屋で 1100 円の買い物に千円札1枚と 100 円玉1枚を出して、おつりはなし
お札を減らすのは最小限小銭も増やさない
すっきり
4,050 円

出費の総額は同じなのに、お財布のなかの印象はまったく違います。

常に千円札で支払い、お札をくずしていくほうが残ったお金が少ないような気になります。小銭は小銭入れに入っているのでひとかたまりでしか見えませんから。

もちろん大きなお札が残っているからといって、お金が増えたわけではないのですが「お札がまだある」という意識は「ムダな出費をおさえて、なるべく今の状態を維持しよう」という出費を抑制する気持ちにつながります。

また、見た目にお金が少ないと感じると、ＡＴＭからお金を引き出す回数が増えてしまったり、「もう使っちゃえ」という気分になってしまうこともあります。だから、なるべくお札をくずさずに小銭を使っていくということを強くおすすめします。

まず小銭入れをあけるというクセをつけるのも一つの方法ですね。

「592円です」といわれたときに「600円」出すか「600円と２円」出せるかで、その人が貯蓄体質かどうかがわかります。

600円がなければ、千円と100円を出して500円玉と８円のおつりをもらうようにするなど、なるべく大きい単位でおつりをもらえるよう小銭を上手く利用してください。

第2節

行儀のよいお札は　ためを呼ぶ

お財布にお札を入れるときにも、ポイントがあります。

まず、お札の向きはそろえましょう。すべてのお札の表（人物顔のあるほう）を正面にして、表裏が混ざらないようにします。「お札に印刷されている顔を下向き（逆さの状態）で入れるとお金がたまる」という話があるようですが、逆さに入れると「1000」などのお札の種類をあらわす数字が見えなくなってしまうので、おすすめしません。

並べかたは、お札の種類ごとに奥から1万円札、5千円札、千円札と並べます。

最初にお財布にお札を入れるときはもちろん、その後にお買い物で1万円札を出して、おつりをお財布のなかに戻すときにもこのルールにそってお札をお財布のなかにしまってください。おつりとして渡されたお札をまとめてバッと入れないこと。ちゃんとお札の向きをそろえて、それぞれ決めた位置に入れてください。

これらは、お財布を開けてぱっと一目で、お札がいくら入っているかがわかる（自分の手持ちの総量が把握できる）ために行うことです。支払時にお財布からお札を出すとき、お財布に戻すとき…。お財布を開けるたびに視覚で残高を確認できると、出費を抑制する効果がありムダな支払いが減ります。

第3節

レシートは捨てずに記録するまで保存

お財布から出ていったお金を記録しているのは、レシートです。まずはお金を払うたびにレシートをもらって、お財布のなかに残すことを習慣づけましょう。お財布のなかにレシートを入れる場所を用意しておけば、レシートをもらう習慣はつきやすいはずです。

レシートをもらう理由の一つ目は、お財布に残っているレシートを見ることによって、「買い物をした」という認識を視覚から持つことです。レシートはお金が出ていった証拠です。レシートがたくさん入っているのを見れば「たくさんお買い物をした」と認識できます。これで「なぜか知らないけど、お金がなくなっていく」ということがなくなるはずです。実感のない出費は、浪費につながるので避けなくてはいけません。二つ目の理由は、自分の出費傾向を知る重要なものだということです。レシートから家計簿をつけるなど記録することによって「何に使っているか」を知り、減らせる出費を考えることができます。

できればその日のうちに、レシートをお財布から出すようにしましょう。いつもお財布にレシートが入っている状態を見慣れてしまうと、「出費した」という感覚が薄れていきます。家計簿などをつける場合は、ある程度まとまってからでもよいでしょう。ただし、お財布には入れっぱなしにせずに、その日のうちにレシートを出して、自宅で保管用の袋や缶に移し、自分の出費を目で確認するという作業が重要です。また、お金をためるうえで「何に自分がお金を使っているか」を知るのはとても大事なことなので、レシートはもらうように心がけましょう。レシートは、自分の出費傾向を知る手がかりにもなり、出費傾向がわかれば「何を節約したらよいか」もわかるようになりますね。

第4節

コンビニを銀行がわりにしない

コンビニATMができてから、24時間気軽にお金が引き出せてとても便利です。しかし、「手持ちのお金がなくなったら、街中にいくつもあるコンビニに行けばOK」と考え、習慣となっているならば、キャッシュカードをお財布に入れないようにしてください。

コンビニATMを使うのがダメなのではなく、「お財布のなかにお金がなくなったら気軽に補充する」という習慣をやめるべきなのです。「なくなったら入れる」ということをしていては、いつまでたってもお金の管理能力は身につかず、ムダな出費も減らせません。また、コンビニATMの利用には利用手数料がかかります。この利用手数料は、その場で支払うわけではなく、引き出し銀行口座から引き落とされるので、お金を使った実感がわきにくいのもやっかいです。

コンビニATMの利用が習慣になっている人は、1年間の利用手数料を合計してみたら、その額に驚くことになるでしょう。「1回216円くらい、大したことない」と思うかもしれませんが、月に5回利用すれば年間1万2千960円の出費です。ちゃんとお金の管理ができていれば、口座から失わずに済んだお金です。最近では「月3回までのATM利用は手数料無料」といったサービスもあるようですが、ATMの利用回数を管理するくらいなら、お金を管理しましょう。「お財布のなかにお金がなくなったら気軽に補充する」という感覚はなくしたほうがよいのです。お財布のなかにあるお金でその日の出費を済ませられるようになり、こういったムダ使いをしないようにしましょう。

第5節

お金をおろすのは決まった日

お財布にお金がなくなるたびに気軽に補充していては、いっこうにお金はたまりません。第2章第2節のコラムでも触れていますが、1か月に自分が使ってもよいお金（予

6

Column

企業では「経費削減」ということがよくいわれます。これはムダな支出を探して、その支出を少なくし、利益を増やすということです。具体的には、商品在庫の管理を徹底しロスの削減や購入品の価格の比較を行うといったことから、使っていないトイレの電気を消すよう社員に周知したり、カラー印刷をやめて白黒印刷にしたりといった、結構細かなところまで行っています。

私が以前銀行に勤めていたときには、「冷暖房はお客様のためのものです」と、午後3時以降の冷暖房は切られ、真夏は眩暈《めまい》がするほどでした。努力なくして、企業は利益を出せないのです。

個人の場合も、好き勝手にお金を使っていれば、手元にお金が残らないのは当たり前です。出費のなかには食費のように削れないものと、ちょっと工夫や手間をかければ支払わなくてもよいものがあります。後者を見つけてその支払いをなくしていけば、お金はたまります。たとえば利用手数料は、手数料がかからない引出しかたをすれば出費しなくてすむもの、つまり、絶対に支払わなければいけないものではありません。支払っている人はその出費をなくす努力をしてみてください。

算）を考えて、その金額を月1回、通帳からおろすようにしましょう。おろしたお金は、全額お財布に入れるのではなく、自宅で保管するのもポイントです。1か月に自分が使ってもよいお金は、給料（収入）などから、家賃やカードの支払いなど銀行口座から引き落とされるものを差し引いた金額の範囲内です。その金額を5で割って袋に分けましょう。

1週間で使うお金は一つの袋に入れた分だけ。週の始めに袋からお財布にお金を移しましょう。これで1週間の予算ができあがりです。袋からお財布にお金を移すという行動をくり返すことにより、「あとどれだけ使えるか」、「どれだけ使ったか」を把握することができ、お金を管理する習慣が身につきます。

ダイエットと同じで、「やっちゃった…」（＝「今日はお金を使いすぎてしまった！」「食べすぎてしまった！」）と反省ばかりではストレスもたまり、結果は生み出せません。大事なのは、その経験を活かし、いかにリカバリーするかということ。このやりかたで1週間単位での出費の調整を行いましょう。1週間が終わり、袋のなかにお金が残ったら、それは5番目の袋へ足していきましょう。1か月が終わったあとに5番目の袋に残っているお金は、自由に使えるお金となります。翌月にちょっとした贅沢をしても、貯金として銀行口座に入れてもOKです。

第6節
カードのキャッシングより担保定期

どうしてもお金が足りなくなった場合、クレジットカードなどのキャッシングを利用したり、リボ払いをする人がいます。

銀行のキャッシュカードのように気軽にクレジットカードのキャッシングをする人が結構多いので驚きますが、キャッシュカードで出てくるお金とクレジットカードで出てくるお金はまったく違います。機械からは同じようにお札が出てきますが、**キャッシングで出てくるお金は自分の口座にあるお金ではなくて「借金」のお金です**。のちのち、返済利息をつけて返さなくてはいけません。この返済利息が高いということは認識していますか？　利率はだいたい20％くらいです。

4月10日に5万円をキャッシングしたとしましょう。カードの締《し》め日があって4月末の借金残高は5万円。カードの引き落とし日が毎月25日だった場合、5月25日に引き落とされるので借りていた期間は45日、つく利息は約1千200円となります。この5万円を毎月1万円ずつ返していった場合は、残高が利息を生み、合計3千円弱の利息がつくことになります。気軽に利用するものではないのです。

それより、クレジットカードを使いすぎたなどお金が足りなくなった場合のためには、いつも使っている銀行の総合口座に定期預金をしておくことをおすすめします。総合口座とは「普通預金」と「定期預金」が1冊の通帳になったものです。総合口座に定期預金があると、普通預金に残高がなくてもお金を引き出すことができます。普通預金で残高不足となった場合でも、定期預金として預けている一定の範囲内から、自動的に借入が可能という自動融資サービスがあるからです。これを担保定期といいます。当然このお金に関しても返済利息がつきますが、キャッシング利率に比べれば低いです。

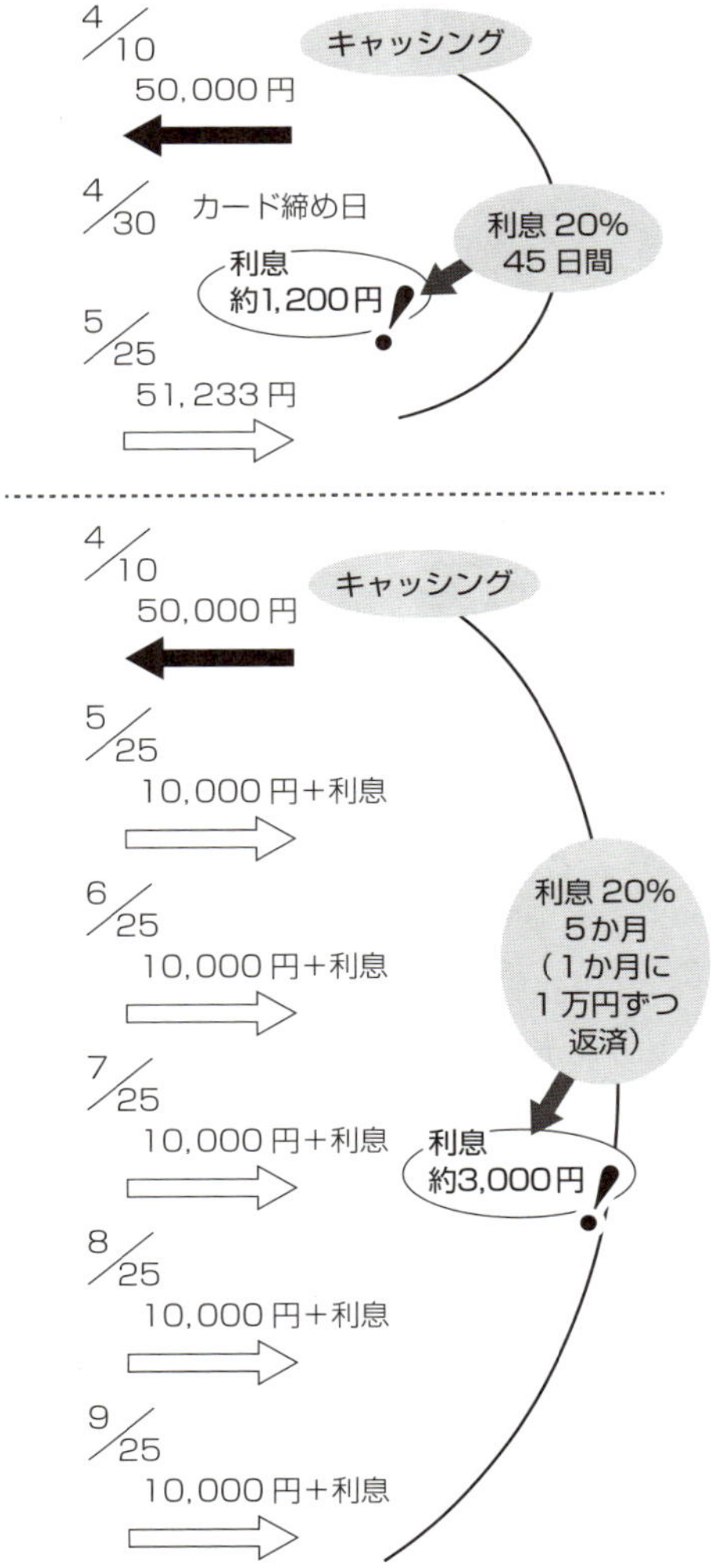

担保定期をおすすめするもう一つの大きな理由は、「自分の信頼維持」です。

うっかりクレジットカードの引落しや携帯電話料金の引落しなど各種支払いが残高不足でできなかった、ということは将来のために避けなくてはいけません。

「別にお金がないわけではないし…」「これくらいの金額…」と安易に考えている人が多いのですが、すぐに対応せずにほうっておくと、延滞事故として、信用情報に記録が残ってしまいます。いわゆる、「ブラックリストに載る」ということです（実際に「ブラックリスト」というものが存在するわけではありません）。

クレジットカードの申込みやローンの申込み、割賦購入申込みがあった場合、各金融機関などはこの信用情報を参照し「この人、大丈夫かな？」と確認をします。

こういった記録が残っている人や、小額でも何度も延滞をしている人は「お金の管理にルーズな人」ということで、実際の返済能力がどのようであれ、「お金を貸せない人」と判定されます。つまり、クレジットカードが作れなくなったり、住宅ローン審査などでひっかかる場合があるのです。忘れた頃に「過去のうっかり」で欲しいマイホームが買えなかったりしても後悔先に立たずなので、担保定期で、残高不足で引落しができないという事態は避けておきましょう。

7
Column

企業は、運転資金や先行投資など融資（借入れ）を受けることが多々あります。その際に「調達コスト」である支払利息を頭に入れずに借入れをしてしまうと、いくら売上があがっても資金繰りが苦しくなってしまい倒産にいたることもあるのです。

個人の場合は、企業のように収入を急激に増やすことができません。キャッシングやリボ払い、貸越という借金をせずに、今あるお金で生活できるように心がけたいものです。また、キャッシングなどの返済が何度も遅れると、信用情報に記録されます。「返せばよいのでしょう？」ということではなく、「返済が遅れた人＝お金の管理ができない人」という烙印を押され、住宅ローンや自動車ローンが通らなかったりと、思いもよらない影響を、のちのちに受けることがあります。それぞれ事情はあるでしょうが、気軽な気持ちで、キャッシングなどをするものではありません。

第4章 ためられない理由は何だろう

第1節

いくらためたいのか考えよう

やみくもに「お金をためなくては」とばかり思っていませんか？　ストレスと不安を抱えていては継続できません。なぜお金をためるのか、そして、いくら貯金をするのかを考えましょう。人は、明確な目標を掲げればその達成にむけて行動します。

海外旅行の費用といった短期的なことや、老後の生活が不安といった長期的なことなど色々と目標はあるかと思いますが、そのためにいくらお金をためればよいのかを導き出す方法は同じです。

まず、目標とした貯金額を達成する時期から今日までの期間で、その目標貯金額を割ります。たとえば、半年後の休暇に海外旅行に行きたくて20万円必要としましょう。「20万円÷6か月」で1か月に3万4千円貯金すれば半年後には20万円たまります。今の収入を考えると1か月に3万4千円の貯金はムリというのであれば、旅費を節約しましょう。ホテルやレストランのランクを下げたりして旅費が12万円でおさまったら、月2万円の貯金でOKです。これは逆にいえば、月に2万円貯金ができれば月々のあとのお金は自由に使ってもよいということになります。

結婚資金や住宅購入資金など、ある程度まとまったお金を貯金する場合は節約生活を長期間しいられることになります。毎月の貯金額をはっきりさせ、「それだけのお金が残れば、あとは自由に使ってよい」と思うことで心の余裕も生まれますし、なにより安心感を持てて、節約生活を苦なく継続できると思います。

第2節

1か月の自分の出費傾向を知る

前述したように、「収入（給与など入ってくるお金）＞《収入より出費が少ない》出費（使うお金）」であればお金がためられます。お金がためられないのは、収入を全部あるいはそれ以上に使っているからです。まず、「いったい1か月でいくら使っているのか？」「目標貯金額にはいくら足りないのか？」を確認しましょう。

そのために必要なのは、レシートや明細です。お財布にレシートの居場所を設けていれば1か月分のレシートがたまっているでしょう。また、クレジットカードでの支払いは、カード利用明細の控えを残すようにして、銀行から引き落とされる通信費といったレシートがないようなものは、明細がわりにメモ書きしましょう。それらを集め、電卓をたたいて、合計額を出してみてください。収入からその合計額を引いたら、いくら残りましたか？　その残った金額は、目標貯金額にいくら足りませんか？

その差額が、当面の節約すべき金額です。

そして、何に使っているのでしょうか? 自分が、最もお金を使っているものがわかれば、それを何とか減らせないかを考えればよいのです。レシートなどを合計していくなかで「結構、これにお金を使っているなぁ」と感じることもあると思います。日々の生活のなかで、何にどのくらいお金を使っているかを、しっかりと確認するためには、出費の記録をしてみるのが一番です。

第3節

家計簿つけてもお金はたまらず

お金を使ったことを記録するといわれて思い浮かぶのは、家計簿だと思います。しかし、「家計簿を書くのが続かない」、「続いたとしても貯金ができない」という声をよく聞きます。それは家計簿の利用の仕方を間違っているからです。

まず、家計簿で1円単位まで合わせることに躍起になる人がいますが、家計簿に書かれた金額とお財布のなかの残高が1円も狂わず一致したとしても、そのこと自体がお金をためるわけではありません。そもそもお金を合わせるように家計簿が作られているのは「出費の記録もれ」がないか確認させるためなのです。たとえば、レシートを元に家計簿を書いていって家計簿上では残高が５千円なのに、実際のお財布のなかは３千円だったとします。「差額の２千円は？…あっ、ワリカンで食事代を払ってレシートがないんだった」というような出費の記録もれに気づくためです。

銀行のように「１円合わない！」と、必死になる必要はないのです。

また家計簿に書かれた「食費」「副食費」といった分けかたに、自分の支払いをむりやり合わせようとして「これは何費になるの？」と思考停止してしまう人もいるかもしれません。でも、お金の使いかたは人それぞれ違うので、自分の分けかたで記載してかまいません。

つまり、家計簿は、それをつけるのが目的ではないのです。大事なのは、自分の出費傾向をまとめて、その情報を元に考えるということ。「何にお金をいくら使ったか」を自分がわかりやすいように表示しているものであれば、どんなスタイルでもよいのです。

第４節

自分にあった記録方法でいこう

家計簿は「記録」の方法です。「何にお金をいくら使ったか」を自分がわかりやすく見ることができる記録方法であればなんでもよいのです。普通のノートの見開きのページを使って、1か月の支払いをどんどん書いていくという方法がおすすめです。

残高は合わせませせん。レシートやカード利用明細などを見て、ただひたすら支払いの内容に応じて仲間分けをしながら書いていくのです。最初の1か月は、ありきたりの「食費」「交通費」「交際費」という分けかたでもかまいません。1か月つければ、自分の出費傾向がわかってきます。交通費のなかでもタクシー利用が多ければ「交通費」とは別に「タクシー」という欄を作りましょう。1か月のタクシーの欄の出費合計額を見て、「すぐに手を上げてタクシーを止めるのはやめよう…」と思うかも。コンビニをよく利用する人は「ジュース」という欄を作ったり「お菓子」という欄を作ってもよいでしょう。仲間分けの方法は自由！　自分の分けたいように分ければよいのです。使いすぎているものは何か、出費を抑えることができる支払いは何か、ムダはないのかをあぶりだすための作業です。

したがって、必要のないところまで細かく記載して労力を費やすことはありません。「にんじん○○円、ほうれん草○○円」って把握しておきたい情報ですか？「食材」でまとめて記載してかまいません。手をかけても意味のない部分は、なるべく省きましょう。記録することに必死になってしまい、疲れて続かなくては意味がありませんので…。

第5節 通帳で1か月を管理してみる

わざわざ記録をするのは面倒だと思う人は、手始めに預金通帳で1か月を管理してみてはいかがでしょうか？「何に一番お金を使っているか」まではわかりませんが、1か

8 Column

企業は、何にお金を使ったか仕訳して、支払内容を表す勘定科目に仲間分けをし、損益計算書という表を作ります。この損益計算書を見れば、どの経費が会社の利益を圧迫しているのかなどがわかります。そして、新年度に決めた目標を達成するために、どの数字を増やしたり減らしたりしていくのか、そのためにはどこをどう改善していくのかを考えます。企業はこの損益計算書を経営に役立てるため、分析しやすいように様々な工夫をしています。一つは自分達が見たいところを見やすく表示するということです。たとえば、ガソリン代は「消耗品」として表示しても「旅費交通費」や「車両費」「燃料費」というような表示をしてもかまいません。企業によって異なります。たとえば運送会社の場合、ガソリンの値上がりは経営に大きな影響を与えます。よって、いまガソリン代をいくら使っているのか、支払いが売上の何割を占めているかはすぐに知りたい情報です。そのため「燃料費」という科目にガソリン代だけを集約して、それが一目でわかるように会計処理をしたりします。個人では家計簿がこの損益計算書に該当します。自分が知りたい情報をよくわかるよう好きに記録すればよいのです。

月間、収入の範囲内で生活ができているのかは知ることができます。メインの預金通帳を決めて、お給料の入金から、家賃・光熱費・クレジットカード引落しといった支払いまでのすべてを一つの口座にまとめるようにします。口座からお金を引き出したら、通帳余白にその引出し内容をメモします。月末に通帳に線を引いて1か月を区切り、右側と左側で収入と支出の合計をそれぞれメモ書きして、収入と支出の差額を数字で実感してみましょう。

そして、残高がある程度たまってきたら（5万円とか10万円とか）定期預金に貯金します。

定期預金は、少額ではなくもっとまとまったお金になってからと思うかもしれませんが、普通預金で寝かしておくのではなく、こまめに定期預金にしたほうがよいでしょう。普通預金から定期預金に移動させることにより「すぐに手はつけられないお金＝貯金」となりますし、例えばまとめて100万円の定期をすると、10万円だけ使う必要がある場合に100万円分すべて解約しなければなりません。のちのちまとめればよいので、最初はこまめに定期にすることをおすすめします。

第6節 たまらない原因を考えよう

お財布を使って自分のお金に対する主導権を持ち、出費を記録することによって、自分の出費と向き合った後は、分析です。むやみな反省も後悔も必要ありません。目標の金額がたまらなかった原因を考え、対策を考えればよいのです。

まず、確認するのは「1か月間の収入内ですべての出費が収まっているのか？」そして「その月が黒字なのか赤字だったのか」ということです。

赤字の場合は、記録した出費の内容を見て原因分析を行いましょう。友人の結婚祝があったからとか、電化製品が壊れて買い換えたなど特別な出費があったから赤字だったのか、単に日常の出費が多かったのかによっても対応が違います。後者の場合は、一体何が多かったのかを確認し、その出費が本当に必要だったのかをふり返ります。その結果、「削減できる」(削減すべき) と思ったら、どうしたら、その出費を減らせるか考えます。余計な出費については、その行動が習慣づいてしまっていることが多いものです。

会社帰りはコンビニへ寄る、お昼に必ずペットボトルを買う、夜はタクシーに乗る…。その出費がどうしても必要なのかを考える前に行動してしまっていないでしょうか。帰り道を変える、マイボトルで飲料を持っていくなど「この出費をがまんしたらお金がたまる」と思って、習慣づいた行動を変える工夫をしてみてください。

9

Column

企業の事業運営に取り入れられている考えかたにPDCAサイクルというものがあります。

「PLAN（計画）→ DO（実行）→ CHECK（評価）→ ACT（改善）」の４段階をくり返すことによって、業務を継続的に改善するという考えかたです。これは個人の日常生活にも使えます。たとえば、ダイエットを例にとると今の体重を測り、目標体重までいくら痩《や》せなくてはいけないかを確認したのち「夏までに（あと６か月で）５キロ痩せる！」という目標をたてます（P）。次に「夜９時以降は食事をしない」というのを１週間続けます（D）。体重を測ってみて減っているか確認します(C)。減っていればそのまま継続、減っていなければ「夜８時以降」としたり「日曜日にウォーキングをする」といった運動をつけ加えるなど計画（P）を練り直します。こうしてPDCAをくり返していけば「夏までに５キロ痩せる」という目標が達成できるというわけです。

お金をためるのも同じことです。具体的な数値目標（いくら）と期間目標（いつまでに）で計画をたてて、チェックしていく。チェックにもとづいて改善していく。チェックができるような記録を残すことも大事です。

第7節

先取り貯金をしよう

「あまったら貯金しよう」はよほどの意思がないと実行するのが難しいです。おすすめは先取り貯金です。「あまったら…」ではなく、先に貯金を確保してしまうのです。

銀行にお給料が入ったら、まず貯金したい額を別の預金口座に移し、そのお金はなかったものとして生活してみるのです。すぐにおろせないように、その口座のキャッシュカードは作らないとか、ネットバンクの暗証番号を普段使っている暗証番号とは別にしてメモ書きして、どこかにしまっておくという工夫をしてもよいかもしれません。先取り貯金する金額は、無理がない金額から始めるのも挫折しないコツです。

勤務先によっては「社内預金」や「財形貯蓄制度」といったものがあるかもしれないので、確認してみてください。給与から天引きで知らず知らずの間に貯金ができる仕組みです。あればぜひ利用してください。財形貯蓄のなかでも「住宅財形」や「年金財形」には、利子の非課税など税金面でも優遇があります（目的外払出しには課税されます）。

なかなか貯金ができない人は「先取り貯金」にトライしてみましょう。

まとめ

「貯畜」というと、どのくらいの金額を思い浮かべるでしょうか？　机のなかにずっと使わないでいる5千円札があれば、それはもう貯畜です。お金をためるには、自分の支出を見直したり、ちょっと我慢したりという負荷がかかります。たまった金額ではなく、自分が「お金をためる」と決め、考え、努力してその結果が少しでも出たということが素晴らしいと思います。少しできれば「できた！」と思ってください。今までもらった給与を全部使っていたのに、月末に千円でも残れば、それは前進です。次はもう少しラクに結果を残せます。成功した感覚を体にしみこませてみてください。

「やればできるんだ」という成功体験を積み重ねることは、自信が持て、貯畜以外のことに対しても前向きに考えられるようになってきます。

お金をためることは一つの訓練だと思います。ある程度の期間、日々の細かな出来事を積み重ね、結果を出していく。お金をためることを通じて、みなさんがお金以外にも何かを得て、選択肢の多い人生を歩むためのアドバイスになれば嬉しいです。

第 2 部

女性には「結婚」「出産」「親の介護」など、人生のターニングポイントが多いため、自分を取り巻く環境が変わりがちです。

たとえば、ここ近年、働く女性は増加し、その割合は7割を超えています。そのため、生き方も多様化し、自分で自分の人生を考え、選択しなければいけなくなってきています。

しかし、選択するにも、世の中には情報があふれかえっていて、何が正しいのか、なにが自分にあっているのか、わからなくなってきています。情報やモノが多すぎて、選べずに混乱するばかり…。多すぎる情報は、人を「もっともっと」と焦らせ、背伸びをさせます。もう息切れしそうではないですか？

また、「わからない」ということは人を不安にさせて、ストレスを生み出します。

不安解消のためには、まずは「今の状況を把握する」ことだと思います。そして、現状をふまえたうえで、無理のない範囲の選択をしていく。つまり管理ができているようにすることです。「自分は管理ができる」という自覚は、生きていくうえでの自信につながります。充実した日々を送っているかどうかを感じるのは、他人ではなく自分自身です。背伸びをせずに、納得した選択ができるよう、第2部では、女性の人生の転機の際のお金について説明していきます。

第1章

現状把握がはじめの一歩

第1節

給与明細を攻略しよう

お勤めをしている人は、毎月もらう給料で生活されています。

しかし、毎月の給与明細をじっくり見たことはありますか?

「実際いくらもらっているのか」や「どれくらい将来に対してリスク回避ができているのか」を知るには、給与明細の見方を知っておく必要があります。

給与明細には様々な形式がありますが、大きく分けて「支給」の欄と「控除《こうじょ》」の欄があります。

(1) 支給欄の見方

支給の欄にはもらえるお金が記載されています。

「基本給」「役職手当」「家族手当」や「住宅手当」など、勤め先の雇用契約や賃金体系にそって支給されます。これらは、所得税や住民税の計算の対象となり、税金がかかります(課税対象)。

支給の欄のなかでも「通勤手当」のところに記載してあるのは、会社に通うための交通費です。通勤手当は、合理的な金額であれば、所得税や住民税の計算の対象とはなりません。そう、通勤手当には、税金がかからないのです(非課税)。

自転車や自動車などで通勤していない場合は、通勤手当をもらっていないこともあるでしょう。しかし、通勤距離が片道2キロ以上であれば、給与のうち最低でも4千100円を通勤手当として支給してもらえれば、その部分については税金がかからないので、節税となります。

とはいえ、「通勤手当として支給してもらえば、税金がかからないんだ！」と給与額のほとんどを交通費として支給してもらえばよいのかというと、そうではありません。通勤距離に応じて課税されない金額が決まっているので、その金額を超える部分については、たとえ給与明細上、「通勤手当」として支給されていても、税金がかかります。

「毎月これだけか…」ともらった額や振り込まれた額だけを見るのではなく、給与明細の支給の中身を見て、毎月、金額が変わる部分（残業手当や歩合など）と、毎月変わらずに固定でもらえる部分（基本給）を確認しておきましょう。

そして、毎月あてにできるのは毎月変わらない金額だけです！

なお、給与明細の毎月の課税合計欄（税金がかかるものの合計）の金額を、1月から12月の12か月分足すと、「年収」になります。税金がかからない通勤手当は年収には含まれません。

(2) 控除欄の見方

続いて「控除」の欄を見てみましょう。

控除というのは、引かれるという意味です。総支給額（手当なども含めた、その月に支給されるすべての金額）から引かれるものの内訳が記載されています。社会健康保険料・厚生年金保険料・雇用保険料・所得税・住民税・遅刻控除などがあります。

	年　金	保険料	負　担	家　族	家族の保険料
社会健康保険	厚生年金とセット	給料額に応じて決定	会社が半分負担	扶養家族の範囲内でないと加入できない	保険料はかからない
国民健康保険	国民年金に別途加入	世帯の総収入や人数などによって計算	全額個人負担	収入に関係なく加入可能	収入がなくても人数割が増える

【社会健康保険の仕組みとメリット】

健康保険料と厚生年金保険料の金額は、原則的には年１回決まります。

４月から６月の総支給額の平均に応じて保険料が決まり、その金額が１年間の毎月の保険料となります。そして、保険料の半分は勤め先が負担してくれています。

仮に、健康保険料が月１万円としたら、健康保険料として給与から引かれるのは、半分の５千円だけで、残りの５千円は、勤め先が負担してくれているのです。

社会健康保険のメリットは、病院などでの治療費は３割の負担で済むということです。

たとえば、３千円の支払いで済む医療費薬代などが、加入していないと１万円払わなくてはいけないわけです。健康保険は、医療費支払いの負担を軽くしています。

厚生年金保険料も、勤め先が半分を負担してくれるので、自分がお金を出している金額の２倍の保険料をかけていることになります。将来に年金受給するときには、自己負担以上の受給金額が見込めることになります。

厚生年金に入っているメリットは、老後生活の安定です。障がいを持ったときや、65歳以上になったときに、支給されます。老後や障がいを持ったときのリスク回避ができていると考えましょう。

社会健康保険料と厚生年金保険料は、勤め先が社会保険加入事業者であり、あなたが雇用状況や労働時間の加入条件を満たしていれば加入となり、引かれているはずです。勤め先が社会保険加入事業者でない場合は、自分で国民健康保険と国民年金に加入となるため、記載されません。

雇用保険料は、その月の総支給額に応じて保険料が決まります。総支給額が高ければ保険料は上がり、低ければ下がります。支払わなければいけない保険料の約7割を勤め先が負担してくれており、残りの3割が毎月控除されます。勤務しているときに、ケガをした場合や退職した場合に支給されます（失業保険）。

所得税は、国に納める税金です。その月の課税対象に対して計算されています。所得税率は一律ではなく、たくさん稼いでいる人には高い税率がかかる「累進課税」という方式がとられています。毎月控除される所得税は仮の数字であり、年末調整によって、正確な年税額の計算が行われます。年末調整については、後述でくわしく説明します。

住民税は、お住まいの市区町村に納める税金です。前年の収入をもとに計算されます。会社を通じて納付する場合、その年の6月から翌年5月まで12回に分けて給与から天引きされます。

そして、最後に記載されている差引支給額が、いわゆる「手取り」です。

給与明細をしっかりと見れば、自分にとっての不安要素は何で、自分に足りてないものがだんだんわかってきます。会社に守ってもらえていない部分は、自分でケアするしかありません。
給与明細の見方を知って、「なんとなく毎月これくらいもらっている」というおおざっぱな感覚から脱しませんか？

第2節

保険と年金について知っておく

保険と年金については、ややこしいので、こんな質問を受けることがあります。

Q 給与明細を見ると、税金の金額は毎月変わるのに社会保険料の引かれている金額は変わらないのはなぜですか？

A 所得税は、その月の課税合計を元にして月ごとに計算されていますが、保険料は、原則的には1年間変わりません。毎年1回（7月）に4月、5月、6月の総支給額（基本給の他、諸手当も含めます）の平均額を用いて国が決めた基準（標準報酬月額といいます）に基づき保険料が決まります。この標準報酬月額は、基本給が上がる（あるいは下がる）など、基本給に大幅な増減がない限り、9月分（10月支給分）から1年間固定されるので、給与から引かれている保険料は一定額なのです。

Q 4月や5月に残業しないほうが得って本当ですか？

A 保険料の算定には毎月必ず支払われる固定的な給与（基本給、家族手当、住宅手当、通勤手当など）の他に、月ごとに変動する流動的な給与（残業手当、宿直手当など）も含められます。

保険料算定の基準とされる4月から6月に残業をすると、保険料算定の額が高くなるため残業代が減った月にも、残業があった月（4月から6月）の給与を基準にして決まった社会保険料負担となってしまいます。「春は残業しない！」という人もいますね（笑）。

Q 同じ給与額の同僚と手取り額が違いました。内容を確認したら引かれている保険料が違っているようです。どうしてですか？

A 所得税は、通勤手当を含めずに計算しますが、社会保険料では、通勤手当も保険料の計算に含みます。よって、たとえば「給与20万円＋交通費ゼロ」の人と、「給与10万円＋交通費10万円」の人がいるとすれば、両者は、同じ社会保険料負担となってしまいます。

【保険と年金の仕組み】

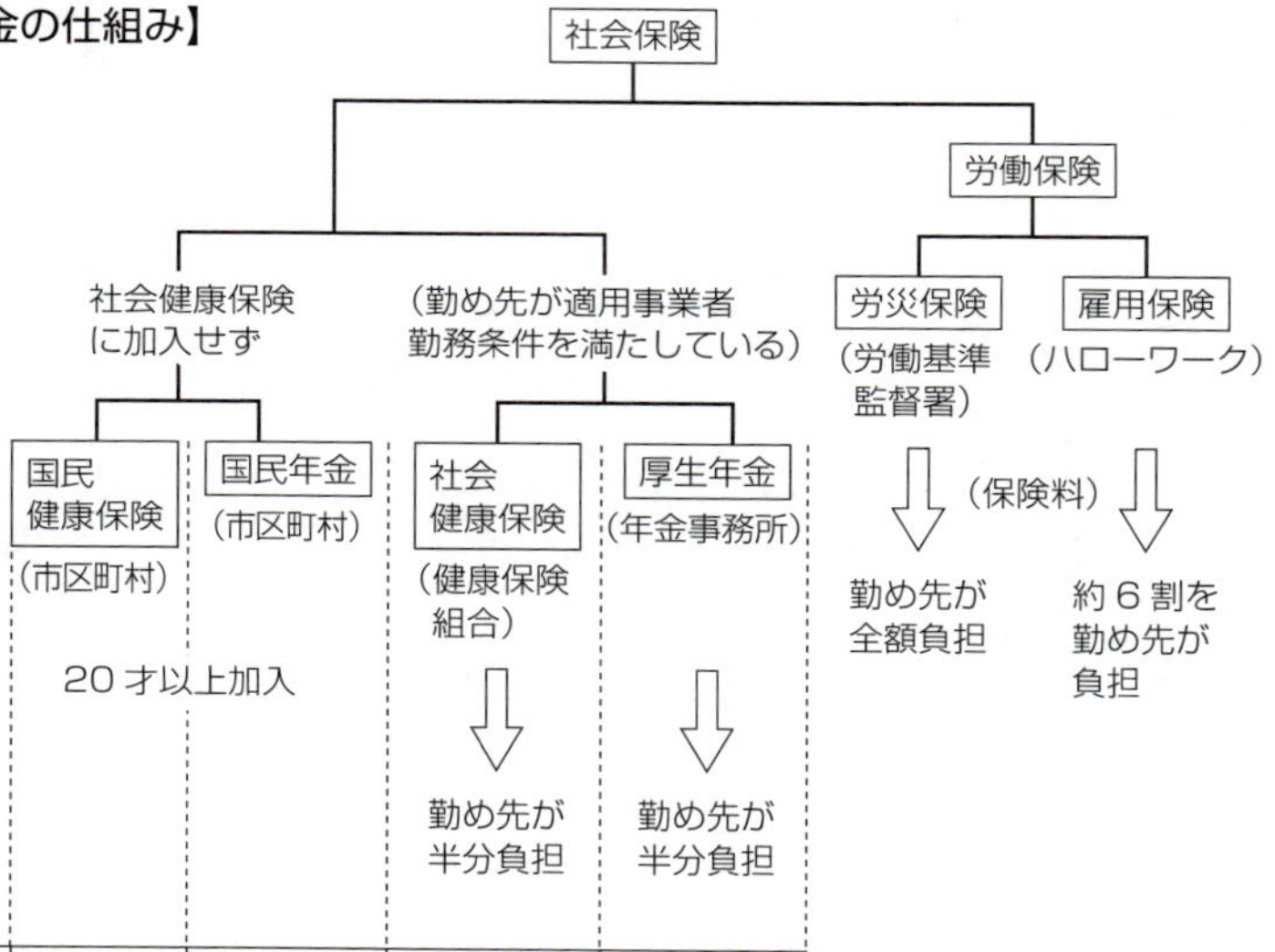

保険料		加入家族人数や世帯収入で変動	月額15,250円の定額（平成26年）	勤め先が半分負担、給与額に応じて変動	勤め先が半分負担、給与額に応じて変動
扶養家族の取扱い	配偶者	加入家族人数が増えることで保険料UP	個別で国民年金加入	（年収130万円以下加入可能保険料あがらず）	加入によって保険料あがらず(自己負担なし)
	子ども	加入家族人数が増えることで保険料UP	個別で国民年金加入	—	加入できず

仕組みがややこしいので、こうした疑問が出てくるのも当然です。憶せずに、わからないことは会社の担当者や社会保険事務所に尋ねてみましょう。また、各種仕組みは前掲の図表のようになっていることを、なんとなく把握しておくとよいでしょう。

第3節
「収入」と「所得」の違いを知っておく

年末調整や確定申告など様々な書類で「収入」を書く欄があったり、「所得」を書く欄があったりと、ややこしいですよね。「ここには何を書くのですか?」という質問はよく受けますし、「書類がわからなくて放置!」という人も多いようです(笑)。

まず、「収入」と「所得」は、指している金額が違うので、間違わないようにしましょう。

「収入」の額を書くべき欄に「所得」の額を書いてしまって、カード審査が通らなかったり、「所得」の額を書くべき欄に、「収入」の額を書いてしまってもらえる助成金が受けられなかったりしたという事例もあります。どこにどの数字を書くべきなのか、ちゃんと理解しておきましょう。

(1) 収入

「収入」は、単純に入ってくるお金を意味しています。

税金の計算上、この「収入」がどんどん変化して、税率をかける前の金額「課税所得」になります。具体的には「収入」→「所得」→「課税所得」と変化します。

「収入」から色々引かれて「所得」になって、さらに「所得」からも色々引かれて「課税所得」になります。こうして出てきた「課税所得」に、その金額に応じる税率をかけて税金が算出されます。

「収入」から「所得」への変化の仕方（引かれるもの）は、どうやってその「収入」を得たかによって違います。まず、収入は上記のように分けられます。

たとえば、自営業者の場合は、その事業を行って得た売上が「収入」となり、「所得」は、収入からその事業を行うのに支払った必要経費を差し引いた額です。

お勤めの場合は、各種税金や、社会保険料等を差し引く前の額を指します。手取り額ではなく、基本給に残業手当や各種手当てを足した天引き前の金額です。大抵は給与明細の支給合計から通

自分で事業をしている	事業収入
不動産を貸したりして収入を得ている	不動産収入
年金を受け取っている	雑収入
勤務して給与を受け取っている	給与収入

勤手当として明記されている金額を引いた金額（課税対象の部分）が該当します。

(2) 所得

お勤めしている人は仕事で使う机も文具も勤め先が用意していて、あまり経費を使うことが想定されていなかったり、自分が使った必要経費を特定することが難しいため、経費の代わりに「給与所得控除額」というものを引くことになっています。

よって、「収入－給与所得控除」の差額が、「所得」となります。この給与所得控除の額は、年収の額に応じて異なります。

(3) 課税所得

「所得」から「課税所得」への変化は、収入の種類の違いによって異なるということはなく、どのように得ても、同じ方法です。

「課税所得」とは、「所得」から社会保険料や生命保険料、医療費などを引いたあとに残った金額です（これらの税負担緩和を「所得控除」といいます）。「課税所得」の額に応じて、所得税率が決まっており、その所得税率を課税所得にかけることによって、所得税額が算出されます。

このように「収入」なのか、「所得」なのかで、書類に記入する金額が違うので、よく確認をして間違えないようにしましょう。

ちなみに、源泉徴収票が手元にある場合、「収入」を記入するときは源泉徴収票の「支払金額」のところに記載されている数字を、「所得」を記入するときは、「給与所得控除後の金額」のところに記載されている数字を書き写せばスムーズです。

第4節

所得税と住民税の違いを知っておく

税金には、相続税や贈与税、法人税など様々な種類がありますが、生活に関わってくるのは所得税と住民税です。給与明細にも載っているこの二つの税金の違いについて説明しておきます。

所得税と住民税は、どちらも個人にかかってくる税金で、1年間（1月〜12月）の収入に対して税金がかかるという点は同じです。

しかし、税率など違う点も多々あります。具体的には以下のとおりです。

まず、住民税は、その年の1月1日現在に住んでいるところ（原則住民票上の住所）の市区町村に納めます。よって、1月2日に転居したとしても、1月1日に居住していた市区町村でその年の課税がされることとなります。

一方、所得税はその年の収入に対して計算がなされ、毎月概算額が引かれて、最後に年末調整で精算するというように、その年で納付するのですが、住民税は前年の収入に対して計算された確定した税金を、翌年の6月から納付します。

すでに税額は決まっているので、年末調整というような精算作業はせずに、決まった金額を、後から納めることになります。具体的には、平成26年の所得に対する税金を、平成27年6月から納めていくのです。

また、税金を計算する際に使う税率が違います。

所得税率は、平成26年までは6段階の税率、平成27年以降は7段階の税率が設定されています。

一方、住民税の税率は、「都道府県民税4％＋市町村民税6％＝10％」と一律です。どれだけ所得が高くても税率は10％です。

ただし、住民税には、前年の1月から12月までの所得に応じて計算される「所得割」というもの（所得に10％をかけたもの）と、所得に関係なく同じ金額の「均等割」というものがあり、「所得割＋均等割」を納めることになります。

	納める先	払うとき	税　率	年末調整
所得税	国	その年	金額に応じて税率が高い累進課税	あり
住民税	住んでいる市区町村	翌年６月～	10％	なし 所得税確定後計算

※所得控除は基礎控除は所得税38万円、住民税では33万円など違うものがあります。
※復興特別所得税として、平成25年から平成49年までの各年の基準所得税額に対して2.1％の所得税が追加して課税されます。なお、本文中ではこの復興特別税は省略しています。
※平成26年度から平成35年度まで、均等割に各500円を加算した額になります。

第5節

会社員でも経費が計上できる？（特定支出控除）

お勤めをしている人は、税金を計算するのに年収から「給与所得控除額」を引くので、原則として経費などは関係ないよと前述しましたが、会社員でも経費が引け、税金が下がる制度があります。

「特定支出控除」というもので、以前からあったのですが、最近改正され使いやすくなりました。

勤務に必要だった出費が、決められた金額以上に支払ったと認められた場合は、年収から給与所得控除の額を引いたうえに、さらに引けることとなりました。所得が下がることになるので、税金も下がります。

まず「勤務するのに必要だった出費」とは、以下のように定められています。

❶ 一般の通勤者として通常必要であると認められる通勤のための支出（通勤費）
❷ 転勤に伴う転居のために通常必要であると認められる支出（転居費）
❸ 職務に直接必要な技術や知識を得ることを目的として研修を受けるための支出（研修費）
❹ 職務に直接必要な資格を取得するための支出（資格取得費）

※弁護士、公認会計士、税理士などの資格取得費も特定支出の対象となります。

❺ 単身赴任などの場合で、その者の勤務地または住まいと自宅の間の旅行のために通常必要な支出（帰宅旅費）

❻ 次に掲げる支出（その支出の額の合計額が65万円を超える場合には、65万円までの支出に限ります）で、その支出がその者の職務遂行に直接必要なものとして勤め先から証明がされたもの（勤務必要経費）

(1) 書籍、定期刊行物その他の図書で職務に関連するものを購入するための費用（図書費）

(2) 制服、事務服、作業服その他の勤務場所において着用することが必要とされる衣服を購入するための費用（衣服費）

(3) 交際費、接待費その他の費用で、勤め先のお得意様など仕事上の接待、供応、贈答その他これらに類する行為のための支出（交際費など）

これらの支払いは、どれも勤務先が証明をしてくれないと対象とならないことに注意が必要です。

そして、これらの1年間の支払いが、

・その年中の給与等の収入金額1千500万円以下の人：給与所得控除額×$\frac{1}{2}$

・その年中の給与等の収入金額1千500万円超の人は：125万円

を超えていれば、その超えた部分を通常の「給与年収－給与所得控除」からさらに引け、所得税が下がるのです。

この制度を利用するには、前述したような特定支出に関する明細書（領収書など）と会社に出してもらう証明書、1月頃に会社から渡される源泉徴収票を申告書につけて、必ず確定申告を行う必要があります。

第6節

天引きされた税金が戻ってくる（こともある）年末調整

お勤めをしている人は、「年末調整」というものを受けたことがあると思います。所得税は、1月から12月の収入を元に計算されます。個人それぞれが確定申告を行って、税金を納めればよいのですが、国民のほとんどの方は、どこかに勤めてお給料をもらっているという勤務者（給与収入の人）です。

毎月の給与額がだいたい決まっていて年間収入が予測できるために、その年の所得税がだいたい予測できます。月額20万円なら「20万円×12か月」で年収240万円なので、所得税はいくら、というように。

そこで勤め先は、その予測できる所得税の年額を12で割って、毎月の給与から天引きしているのです。

そして、国は、天引きして預かった勤め先に対して、その所得税を、国に納める義務を課しています。これを源泉徴収制度といいます。この制度のおかげで、国は、手間や税金の取りもれが回避できています。

しかし、毎月給与から天引きされる所得税（源泉）は、年間の収入が確定していない以上はあくまでも仮の数字です。1年間の年収が確定した時点で、正確な税金の計算を行います。これが「年末調整」です。

たとえば、子どもや親の面倒をみているなど扶養家族がある場合、生命保険料に加入している場合、国民年金や健康保険料を支払っているなどの場合は税金が安くなります。こうした場合は毎月天引きされる所得税の合計よりも、実際に納めなければいけない所得税の額が少ないことがあります。

また給与が上がった場合、年の途中で扶養親族が減った場合などは、天引きされている所得税では足りないこともあります。

こうした過不足を調整するのが年末調整という仕組みなのです。この年末調整を受けるか、自ら確定申告をするかによって、多すぎず少なすぎずの適正な所得税が納付できるというわけです。

なお、年末調整のために「給与所得者の保険料控除申告書兼給与所得者の配偶者特別控除申告書」「給与所得者の扶養控除等（異動）申告書」という書類に記入することになりますが、これらの書類は税金を計算するうえでとても重要なものなので、記入もれのないようにしましょう。記入もれがあると、本来より税金が高く計算されてしまい、他にも影響を及ぼしてしまうかもしれません。

第7節

年末調整のための書類を記入する（「給与所得者の保険料控除申告書兼給与所得者の配偶者特別控除申告書」）

「給与所得者の保険料控除申告書兼給与所得者の配偶者特別控除申告書」とは、年末調整の際に、毎年勤め先から渡される書類です。この用紙は、「生命保険料を支払った」とか、「地震保険料を支払った」、「配偶者が結局扶養内だった（第2章参照）」といった、税金が下がる要素を勤め先に伝えるために記入します。

【書類記入時のポイント】

用意するもの		・生命保険会社から11月頃に送られてくる証明書（葉書のようなもの） ・損害保険会社から11月頃に送られてくる証明書（葉書のようなもの） ・社会保険や厚生年金に加入されていない人は、国民健康保険や国民年金の証明書や納付書（いつのではなくその年中に支払った保険料） ・小規模企業共済や確定拠出年金、個人型年金、心身障害者扶養共済制度などに掛け金を払っている場合は、その団体が発行した証明書 ・住宅ローン減税の２年目以降の場合は、銀行から発行される住宅ローンの残高明細書と税務署から発行される書類
記入時のポイント	生命保険料控除の欄	・自分で保険料を支払った生命保険があれば、控除できる（税金が下がる）「一般生命保険料」「介護保険料」「個人年金保険料」という３種類があり、一般生命保険料と個人年金保険料には、旧契約と新契約がある。生命保険会社等から発行されている証明書にこれらは書いてあるが、計算方法がわからなかったり、自信がなければ、保険会社などの名称のみを書く ・契約者が自分以外の親族（例えば配偶者や両親）の保険契約も、本人がその保険料を支払ったことが明らかである場合は、保険料控除の対象としても問題ない。ただし、将来受け取る保険金の課税関係が異なってくることに注意が必要（贈与税または一時所得として課税が生じる）
	地震保険料控除	・自宅や家財などに対してかけている地震保険等があれば控除できる。加入している損害保険会社から控除証明書が送られてくる ・自動車保険や、賃貸住宅の短期の火災保険等は該当しない
	社会保険料控除	・勤め先の社会保険（健康保険・厚生年金）に加入している場合は、原則として記入不要。自分で支払っている国民健康保険や国民年金がある場合は記入。また、子どもや配偶者の保険料などを負担している場合はそれも控除できる ・自分が支払った保険料などはすべて記入あるいは証明書を添付する。ただし、配偶者名義や子ども名義からの銀行口座からの引落しで支払っている場合は、自分が支払ったとはいえないため控除できない
	配偶者特別控除	・配偶者も働いている場合は、その配偶者の所得によって通常の配偶者控除とは別の配偶者特別控除を受けられる場合がある。この欄では、その判定を行う。「配偶者の合計所得金額（見積額）を次の表により計算してください」と記載されているところの収入の金額を間違えずに記入する
	小規模企業共済等掛金控除	・小規模企業共済や個人年金基金などに加入し、掛け金を支払っている場合は、送られてくる証明書を元に記入する

年末調整で、1年間の正確な所得税の額が計算されますが、計算する側（勤め先）としては、この「給与所得者の保険料控除申告書兼給与所得者の配偶者特別控除申告書」に記載された情報がすべてとなります。記載もれのないようにしましょう。

第8節

家族構成や扶養状況などを書類に記入する（「給与所得者の扶養控除等（異動）申告書」）

「給与所得者の扶養控除等（異動）申告書」は、翌年の給与から引く源泉徴収税（所得税）額を計算するのに、参考とするものです。

これに記載された家族構成で、1年間の天引き所得税額の計算を行っていきます。よって、年の途中で結婚したり、親の面倒を見るようになったなど、家族構成が変わった場合は、勤め先に伝えましょう。毎月の手取り金額が変わります。

「給与所得者の扶養控除等（異動）申告書」の書き方ですが、まず、氏名（フリガナ）、住所、生年月日を記入し、押印（認印でＯＫ）します。扶養家族がいる場合は「主たる給与から控除を受ける」の欄に、扶養家族の名前、生年月日を書いてください。別居している親が無収入であるなどのため仕送りをしている場合も扶養家族となります。また、配偶者と離婚や死別をしていて、その後、結婚していない場合（寡婦・寡夫）や障がいなどに該当する場合は税額が下がるので、該当欄に記入します。

扶養している配偶者や親族（子どもや親）がなく、かつ、あなた自身が障がい者・寡婦（夫）（離婚や死別後結婚していない人）・学生のいずれにも該当しない場合は、申告書の一番上の住所までの部分さえ記入すればOKです。

【扶養家族の記入】

働いていない、または給与やパートなら年収103万円以下の配偶者がいる場合	A欄　「控除対象配偶者」の行に記入
働いていない、または年収103万円以下の16歳以上の子どもがいる場合	B欄　「扶養親族」の行に記入
働いていない、または年金のみ受給しているその受給額が年齢65歳以上の場合は年158万円以下 年齢65歳未満の場合は年108万円以下の親がいる場合	
記入している本人が配偶者と死別あるいは離婚後、婚姻していない場合	C欄　「障害者等」の行にある「2 寡婦」に○をする（詳細第4章参照）
本人または家族に障がい者がいる場合	C欄　「障害者等」の行にある「1 障害者」のところに扶養家族の人数を記入します。介護の必要な老親等も該当する場合がある

記入ポイント

・税額が変わる場合があるので、生年月日などは間違えないように記入しましょう。
・家族がいても、配偶者あるいは親の扶養家族となっている場合は記入不要です。
・なお、児童手当（旧称：子ども手当て）の支給により、平成23年から16歳未満の子どもは税金上扶養家族とはならないのでご注意ください。1番下の「住民税に関する事項」のところに子どもの名前なども記入してください。

第9節

源泉徴収票を確認する

続いて、年末調整が終わったときにもらう源泉徴収票を見てみましょう。大体、1月頃にもらうことが多いでしょう。

この源泉徴収票を見れば、1年間の年収をはじめ自分に関するお金の内訳がわかりますし、住宅ローンなどを借りるときには必要な書類です。

なお、源泉徴収票を見て、「生命保険に加入しているのに、生命保険料控除の欄にまったく数字が入っていない」など「あれ？」と思うことがあれば、勤め先に確認しましょう。

【源泉徴収票の見方】

支払金額	「年収」が記載されている。手取り額ではなく、支給額であり、通勤手当が含まれていない。給与明細の課税支給額の年間合計
給与所得控除後の金額	「所得」が記載されている。給与年数に応じて決まっている給与所得控除という税金のかからない部分を給与年収から引いた金額が記載されている。つまり、税金がかかる金額
所得控除の額の合計額	給与所得控除、所得控除、負担した社会保険料、扶養控除の合計が記載されている。各種控除の内訳はその下の欄に記載されている
源泉徴収税額	１年間の所得税額が記載されている。これはすでに、勤め先を通じて国に納められている

住民税の計算は、この源泉徴収票に記載されている内容で行うので、これが間違っていると、住民税まで違ってきてしまいますよ。

第2章 結婚で変わるお金のあれこれ

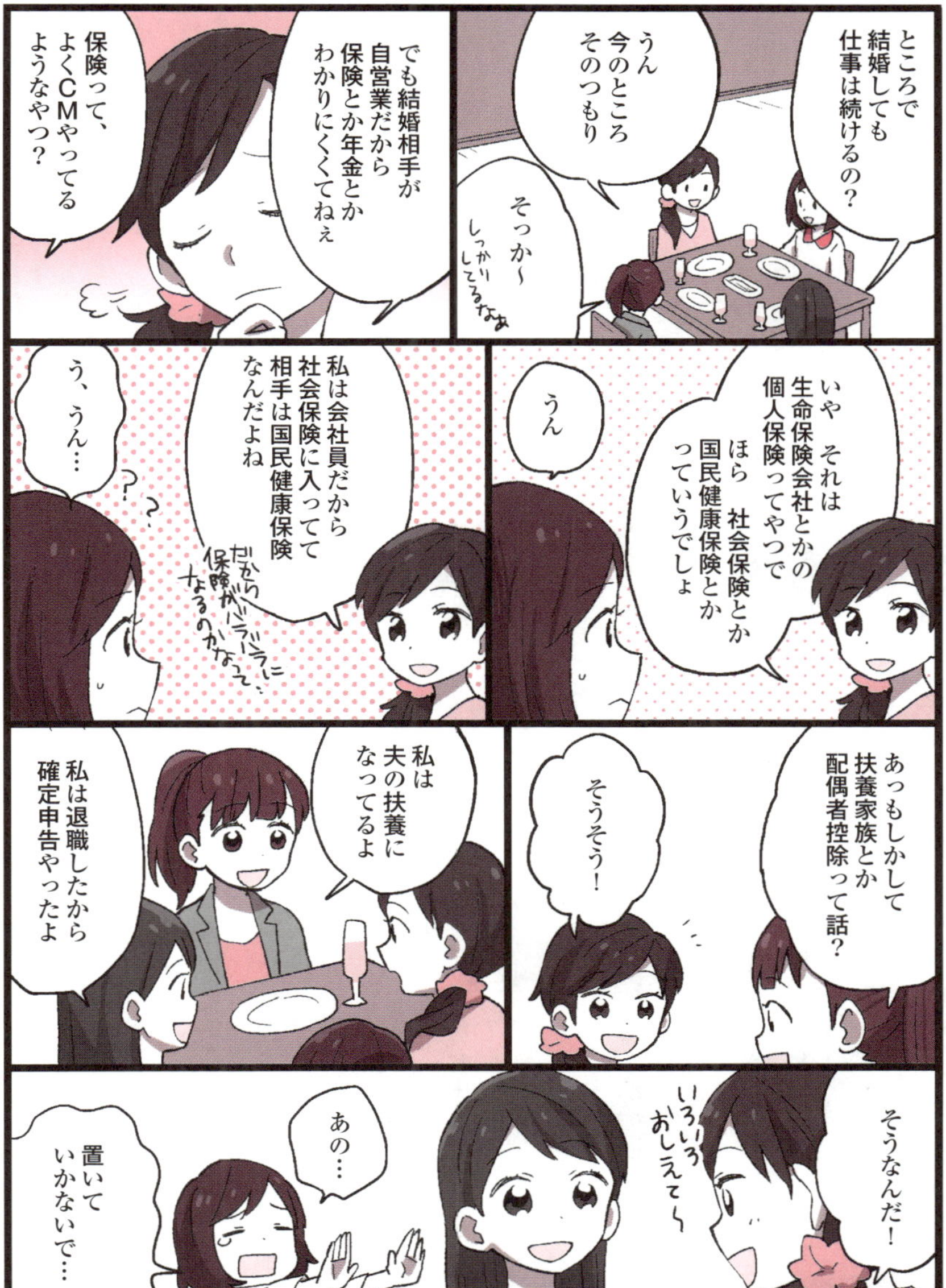

第1節

結婚後の税金について知っておく（配偶者控除）

結婚して、ちょっと得をしそうなのは税金です。自分が配偶者の「扶養家族」になるなら、相手の税金（所得税・住民税）が少なくなります。「扶養家族がいる」とは、「面倒をみなきゃいけない家族がいる」ということです。そして、それは大変なので、その分、税金負担を減らすというのが「配偶者控除」です。

配偶者が扶養家族になる場合は、配偶者控除を受けることができ、扶養している人の所得から引く金額が、38万円（住民税は33万円）増えます。つまり、「38万円×所得税率（個人によって違います）」の所得税が少なくなり、「33万円×住民税率（10％の定率）」の住民税が少なくなります。

ただし、配偶者控除には条件があって、12月31日現在において配偶者が次の四つを満たしていないといけません。

❶ 入籍していること（愛人や内縁の妻はいくらラブラブでも控除の対象とはなりません）

❷ 一緒の家計で暮らしている配偶者であること（同居は条件でないので単身赴任などでもOKです）

❸ 1年間の所得合計額が38万円以下であること（ただし給与をもらっている場合は異

なります。詳細は第2節参照)

❹ 青色申告の専従者給与を受けていない、白色申告者の事業専従者でないこと(たとえば、夫が自営業を行っていて妻に給与を支払っている場合など)

これらの条件を満たす配偶者がいる場合は、配偶者控除を受けることができます。

自分が配偶者控除に該当する配偶者である場合は、勤め先にすぐに伝えてもらいましょう。逆の場合は、自分の勤め先に伝えましょう(最近は専業主夫も少しずつ増えてきていますよね)。日本は「申告納税制度」という「自分の税金は自分で確定する」という制度をとっています。会社員は年末調整で勤め先が税金の計算を行いますが、「扶養家族がいる」などといった個人の事情は、伝えなければわかりません。きっちりと配偶者控除を適用して、税金の計算をしてもらうためには、勤め先に情報を伝えましょう。また、勤め先から、年末調整で配られる書類にも書きもれのないようにしないと、払わなくてもよい税金を払うことになりかねません。

とはいえ、結婚や家族のかたちは様々で、わかりにくいですよね。以下のような質問を受けることもあります。自分が「配偶者控除」を受けられる「配偶者」かどうか、確認してみてください。

Q 結婚を機に仕事を辞めました。働いていたので控除は受けられませんか？

A 給与をもらっていた場合、その年の1月から退職するまでの間に手取りではなく給与（交通費含めず）として支払われていた金額を合計して、103万円以下であれば該当します（詳細は第2節）。

Q 12月28日に入籍したので、実際には今年はほとんど扶養されていません。この場合は、どうなりますか？

A その年の12月31日現在で判定するので入籍した年の年内に、前述の条件を満たしていれば、婚姻日数が数日でも配偶者控除が受けられます。

Q クリスマスに結婚式をあげて、年明け1月に入籍しました。結婚式をあげた年は配偶者控除を受けられますか？

A 式をあげていても未入籍であれば配偶者控除は受けられません。入籍後は条件を満たしていれば受けられます。

Q 結婚してからも親の援助で生活しています。親は私を扶養家族

にしていますが、夫の配偶者控除にも該当するのでしょうか？

A 所得条件を満たしていても、親の扶養控除にも該当し、夫の配偶者控除にも該当するというダブル適用は認められていません。したがって、実際に扶養されているどちらか一方の扶養控除対象となります。

Q 私は正社員で働いているのですが、夫は失業中で今年の収入はありません。夫を配偶者控除の対象としても問題ないでしょうか？

A 配偶者控除の対象となるのは女性とは限りません。夫がその1年間（1月～12月）収入がなければ、夫があなたの扶養家族となり、あなたが配偶者控除を受けることができます。

Q 私の給与収入は120万円ですが、所得控除により所得税も住民税もかからないそうです。税金がかからないということは、配偶者控除が受けられるということでしょうか？

A 課税されるか否かではなく、所得（各所得控除を引く前の金額）の合計が38万円を超えているかどうかで判定します。給与収入が103万円以上なので、配偶者控除の該当者とはなりません。

Q 専業主婦ですが、株の売買をしています。配偶者控除を受けても大丈夫でしょうか？

A 配偶者控除の判定は「合計所得が38万円を超えているかどうか」で行いますが、株の売買に用いている特定口座を「源泉徴収あり」としている場合の所得はこの「合計所得」に算入しません。なお、確定申告をすることにより税金が戻ってくる場合がありますが、金額によっては申告することにより配偶者控除が外れることもあります。

Q 働いてはいませんが、株の配当があるので配偶者控除は対象外となるのでしょうか？

A 配当による収入について「源泉徴収あり」の特定口座などを利用していて確定申告しないままであれば、配偶者控除は受けることができます。しかし、確定申告を行うと払いすぎた税金の還付を受けられる可能性があるかわりに株の売買同様、配偶者控除が外れることがあります。具体的には、「配当の収入金額（税金が引かれる前の金額）－株式などを取得するための借入金の利子」が38万円を超えている人が確定申告をされた場合には、配偶者控除の該当者にはなりません。

Q 産休・育休中で給与収入はありませんが、預金利息が年間38万

円以上ありまず。配偶者控除は受けられますか？

Ⓐ 預貯金や公社債の利子は配偶者控除の判定は「合計所得が38万円を超えているかどうか」の38万円に含まれないので、配偶者控除の該当者となります。そんなに利子があるなんて羨ましいですね（笑）。

Ⓠ 結婚するまで働いていて、その後は働いていません。1月から退職したときまでの給与収入は60万円ですが、退職金を80万円もらいました。配偶者控除の該当となるでしょうか？

Ⓐ 配偶者控除の該当者になるかどうかは、年間の合計所得金額が38万円以下というのが一つの条件です。そして、どうやって稼いだかで、計算の仕方が違います。まず、給与収入が65万円未満の場合、給与所得控除は65万円なので60万円から65万円を引いて給与所得はゼロとなります（マイナスにはなりません）。退職金については、まず、勤続年数によって定められた退職金所得控除額を出します。この場合は、退職所得控除額は120万円（40万円×3年）となります。次に「退職所得の金額＝（退職金額－退職所得控除額）×1/2」で計算します。これが「退職所得」です。ここでの計算は退職所得もゼロとなるので、この場合は、配偶者控除を受けられます。

第2節

「収入を103万円以下に」の理由を知っておく（所得税）

「扶養家族になるために、給与を年間103万円以下におさえなきゃ」と、よくいわれます。この「103万円」って、どこから出てきた数字なのでしょうか。

まず、配偶者控除を受けるためには、相手が「所得38万円以下であること」という条件をクリアしなければなりません。

収入が、勤め先からの給与だけで、年間給与（源泉を引かれる前の金額）が、103万円以下であれば、収入金額により定められた給与所得控除は65万円です。「103万円（給与）－65万円（給与所得控除額）＝38万円（所得）」となり、「所得が38万円以下であること」という条件を満たし、控除対象者となるのです。つまり、給与所得控除をふまえての金額が103万円なのです。

また、「基礎控除」という誰もが受けられる控除があります。これが38万円なので、給与年収が103万円の場合は、「103万円（給与）－65万円（給与所得控除額）－38万円（基礎控除）＝0」、つまり課税所得がゼロとなり、所得税もかかりません。

このように、「給与年収を103万円以下におさえたい」というのは、「扶養家族になって夫の税金も減らし（＝配偶者控除を夫が受けられるようにし）、税金もかからないようにする（＝自分は所得税がかからないようにする）」ための目安の数字だからです。

では、103万円を超えるといきなり夫の税金が上がってしまうのでしょうか？

配偶者控除からはずれると、次に確認するのは「配偶者特別控除」です。

配偶者に38万円を超える所得があって、配偶者控除が受けられない場合でも、年間の合計所得金額が38万円超76万円未満の場合には、「配偶者特別控除」というものを受けることができます。

配偶者の所得が給与収入なら年収141万円までの人が該当となりますよ。

第3節
「130万円以下の収入」がもたらすものを知っておく（社会保険料）

よく「103万円を超えたら、夫の社会保険からも外れるのですか？」という質問も受けます。社会保険（夫の勤め先の健康保険・厚生年金）は、収入（「所得」ではなく「収入」なので給与所得控除分を引かないことに注意！）が130万円以下なら加入できます。社会保険における「扶養」は年収130万円以下が該当となるためです。

よって、たとえば給与年収が120万円だった場合は配偶者控除の条件は満たさなくても、社会保険の扶養家族には該当します。ただし、注意しなければいけないのは、税金における「年収」と、社会保険における「年収」は同じではないことです。社会保険の諸計算には税引前・税引後という概念がなくて、総収入で基準があるのです。

たとえば税金における「収入」には通勤手当は含まれませんが、社会保険の判定には、通勤手当は含まれます。また、年収103万円以下の場合は所得税が非課税となりますが、これと社会保険の年収130万円未満という基準はまったく別のものです。

したがって、社会保険の扶養家族になれるかどうか確認する際、源泉徴収票の支払金額の欄が130万円を超えているかどうかで判断すると間違えることがあります。この支払金額の欄の数字には、通勤手当が含まれていないからです。

また、税金における「年収」とは、1月～12月までの確定した収入をさしますが、社会保険での「年収」は見込み額です。たとえば、現時点から先の1年間に、130万円以上の収入が見込まれれば、社会保険の扶養家族から外れるということもあります。

なお、社会保険上の被扶養者に該当せず、勤めていない場合は、自分で国民健康保険と国民年金に加入することになります。

（注）なお、平成28年4月以降、週20時間パートにかかる社会保険強制加入の改正が予定されていますのでご留意ください。

第4節
扶養家族でいるのと、働いて稼ぐのはどちらが得か

家計を考えるうえで大事にしたいのは、実際に使えるお金です。

いくら働いて稼いでも、税金や社会保険料の負担で、お金が出て行ってしまっては意味がありません。「このスタイルが一番おトクですよ！」といえたらよいのですが、これはとても難しいのです。

なぜなら、配偶者控除や配偶者特別控除を受ける人の税率がいくらかで、ケース・バイ・ケースになってしまうためです。

たとえば、所得税率5％の人が配偶者控除を受けても1万9千円の所得税が減るだけですが、所得税率40％の人が配偶者控除を受けると15万2千

年間給与収入が103万円以下（通勤手当除く。以下同）	配偶者が配偶者控除を受けることができ、社会保険の場合は、自分が扶養家族にもなり、保険料負担も不要
年間給与収入103～130万円以下	配偶者が配偶者特別控除を受けることができ、社会保険の場合は、自分が扶養家族にもなり、保険料負担も不要
年間給与収入130～141万円以下	配偶者が配偶者特別控除を受けることができるが、自分は社会保険の扶養家族には該当しないため、自身での社会保険料負担が必要となる

円も所得税が減ることになります。

なお、親などの扶養家族がいたり、障がいがある場合は所得控除の額も変わり、計算が異なってきます。

どちらが得とはいいにくいですが、年間給与収入130～150万円くらいだと、自分で負担する社会保険料の負担が増え、収入が保険料で消えるということになりかねません。「勤務が増えた割には、家計のキャッシュは増えない…」という状況になりやすいとはいえるでしょう。

第5節

社会保険と国民健康保険、加入するのはどちらが得か

「社会保険に入るのと、入らずに国民健康保険と国民年金を支払うのとどちらが得か」ということもよく尋ねられます。

健康保険料と国民健康保険料とは、保険料の計算の仕方が違うので、自分の収入や家族構成によって、社会保険に入ったほうが保険料が安い場合もあれば、国民健康保険に入ったほうが保険料が安い場合もあります。

それぞれの違いと具体例を記載します。

※平成26年1月現在の保険料率等を前提に計算しています。

社会健康保険	・年金は厚生年金保険に加入（原則） ・保険料の半分は勤め先が負担 ・給料に応じて保険料が増額 ・扶養家族がある一定の年収を超えると、その扶養家族は加入できない ・扶養家族が何人いても保険料は世帯主の給料に比例するのみで加入家族人数で保険料が増額することはない ・保険料は月額給与に比例して増額し、月額給与117万5千円以上の場合は、一定額となる
国民健康保険	・年金は国民年金に加入 ・保険料は全額自己負担 ・所得に関わらず世帯加入ができる（いくら年収があっても一つの保険証が可能） ・保険料は世帯ごと、加入人数ごと（均等割）と世帯の総収入ごと（所得割）で計算される ・保険料が各都道府県によって異なり、毎年若干変わる ・年間保険料の上限がある

具体例１

京都在住、自営業で共働きの夫婦。夫の役員報酬（社長）は月額80万円、妻は給与として50万円の収入（夫婦とも40歳未満）。

【国民健康保険と国民年金に加入の場合】

世帯ごと（平等割）	25,370円
均等割(加入人数ごと)	27,080円×2人
所得割	1,315,968円
合計1,395,498円だが年間65万円が保険料の最高限度額なので65万円	
・国民年金は月額15,040円 ・一家の年間保険料負担は1,010,960円	

【社会健康保険と厚生年金加入の場合】

夫の負担月額保険料	健康保険料 39,421円 厚生保険料 53,072円
妻の負担月額保険料	健康保険料 24,950円 厚生保険料 42,800円
一家の年間保険料負担は 1,922,916円	

具体例2

京都在住、夫は会社員、専業主婦の妻と子ども３人の家族。夫の給与30万円が収入、扶養家族の子ども３人（夫婦とも40歳未満）。

【国民健康保険と国民年金に加入の場合】

世帯ごと（平等割）	25,370円
均等割(加入人数ごと)	27,080円×５人
所得割	239,592円
合計400,362円	
・国民年金は月額15,040円 ・一家の年間保険料は761,322円	

※平成26年１月現在の保険料率等を前提に計算しています。

【社会健康保険と厚生年金加入の場合】

夫の負担月額保険料	健康保険料 14,970円 厚生保険料 25,680円 (妻や子ども３人の保険料は不要)
一家の年間保険料負担は 487,800円	

健康保険料だけに着目していえば、具体例1のように一家でかなり収入がある家庭は、国民健康保険で年間の最高限度額で留めるのが得でしょう。

社会保険は収入に応じて保険料が上がっていきますが、国民健康保険料は上限があるからです。

一方、扶養家族が多い方は、社会健康保険のほうが得である可能性が高いでしょう。社会健康保険は、扶養家族の条件を満たしていれば、何人加入しようと保険料は上がらないからです。

しかし、社会保険の加入は、自分が雇用契約や労働時間の加入条件を満たしているかや、勤め先が社会保険適用事業所であるかどうかなどにもよるので、「保険料負担が少なくすむから加入したい」といっても、選択できない場合もあります。

選択できるのは、退職時に任意継続を行うか、脱退するかのみです（第5章で後述します）。

また、社会保険料は半分勤め先が負担しているので、自己負担額の倍の金額をかけていることになります。厚生年金も同様で、将来の受給金額は国民年金よりも多くなります。

保険料負担の多い少ないだけで、社会保険と国民健康保険のどちらが得かを判断することはおすすめしません。自分、そして家族の将来をじっくり考えて検討しましょう。

第6節

結婚退職したら確定申告を忘れずに

結婚退職に限りませんが、年の途中で退職した人は、年末調整が行われないままになっています。

毎月給与から引かれている所得税（源泉徴収）は概算額なので、本来の税金より多めに天引きされている可能性が高いです。勤めていれば年末調整を勤務先が行ってくれますが、退職したら自分で確定申告を行い税金の精算を行って、所得税の還付を受けましょう。

特に退職後に、自分で国民健康保険の保険料や国民年金を支払った場合や、社会保険の任意継続をした場合は、社会保険料控除の対象となるので、忘れずに確定申告をしましょう。

ただし、源泉徴収票の「源泉徴収税額」の欄がゼロであれば、天引きされている所得税がないということなので、還付はありません。

確定申告に必要な書類は、その年の源泉徴収票、その年に自分で支払った健康保険料などや国民健康保険料、年金金額を示すもの、生命保険料控除証明書や地震保険料控除証明書などです。

国税局のホームページに確定申告書作成コーナーがあり、画面のとおりに進んでいけば確定申告書が作成できます。

作成後は、2部印刷してみとめ印を押印、返信用封筒（切手も添付）を入れて住所地の税務署へ郵送すればOKです。もちろん税務署に直接もちこんでもかまいません。

※ e-Tax：http://www.e-tax.nta.go.jp/

第7節

税金ゼロで家をもらうには

山あり谷ありの結婚生活ですが、がんばって継続すれば、夫が他界した後、夫の加入していた厚生年金（遺族年金）が入ります。それだけではありません！　家だってもらえるんです。手続きは夫の生前で問題ありません。

でも、税金が心配…。そのように心配する人もいるかもしれません。

たしかに何か財産をもらった場合、原則的には「贈与税」という税金がかかります。しかも贈与税の税率は、もらったものについては担税力（税金を納める力）があるということで高い設定となっています。

ただし税金の世界では配偶者は特別扱いです。「贈与税の配偶者控除」（相続税法21条の6）という制度を使えば、配偶者から家を無税でもらえます。

条件は、以下のとおりです。

❶ 婚姻関係が20年以上ある配偶者からの贈与

❷ 居住用不動産またはその購入資金

❸ 最高2千万円まで

❹ 確定申告を期限内に行うこと

夫から妻へ、妻から夫へのどちらでもOKです。ただし籍を入れている配偶者からであること。内縁の妻や愛人への贈与には課税されます。この制度は、同じ相手からは1回しか利用できませんが、一生に1度しか使えないというわけではないので、入籍してから20年を経過してさえいれば違う相手からまたもらえます。

極端にいえば「16歳で結婚→36歳で家をもらって離婚→38歳で再婚→58歳で家をもらって離婚→59歳で再婚→80歳で家をもらう」…は可能なのです。

なお、非課税となるのは自分が住むための家や土地、あるいは、その家や土地を購入するためのお金であること。したがって、別荘や事務所は対象外です。また、ダイヤモンドを渡されて「これを換金して家を買え」といわれても、それは非課税になりません。

また、2千万円以上の家を贈与してもかまわないのですが、税金がかからないのは、2千万円までです。2千万円を越えた部分に関しては、贈与税がかかります。

第3章 ママがもらえるお金と休暇

第1節

出産でもらえるお金を知っておく

働いている女性は自分の妊娠を知った際、妊娠の喜びと同時に「仕事、どうしよう」と思うのではないでしょうか。また、「私が仕事を辞めると生活が…」と金銭面の不安から出産に二の足をふまれる人もいるかもしれません。

そこで、出産の際に、知っておきたいお金の制度について説明していきますね。

まず、出産に対してもらえるお金があります。これらのほとんどは、雇用保険や社会健康保険から支出されるものなので、自分（あるいは配偶者）の勤め先が雇用保険加入事業者や社会保険加入事業者である必要があります。

(1) 傷病手当金：妊娠中にもらえるお金

切迫流産の危険で自宅静養や悪阻《つわり》などで医師の診断書が出た場合は、傷病手当金の支給対象となります。

勤め先の健康保険から仕事以外の理由による病気やケガの療養のため仕事を休んだ日から連続して3日間（待期）の後、4日目以降の仕事につけなかった日に対して支給されるお金です。この待期の3日間には、有給休暇、土日・祝日などの公休日も含まれ、給与の支払いがあったかどうかは関係ありません。

支給される金額は、1日につきその人のおおよその日給の3分の2に相当する額（1円未満四捨五入）が支給されます。この「おおよその日給」とは「標準報酬日額」といい、標準報酬月額（第1章第2節参照）の30分の1に相当する額（10円未満四捨五入）です。休暇中にも給与の支払いがあって、その給与が傷病手当金の額より少ない場合は、傷病手当金と給与の差額が支給されます。

（例）標準報酬月額30万円（標準報酬日額＝1万円）の人の場合：1日につき「1万円×2/3＝6千667円（50銭未満の端数は切捨て、50銭以上1円未満の端数は切り上げる）」

(2) 出産育児一時金：出産でもらえるお金

社会保険、国民健康保険に関係なく、加入している健康保険から、出産に関わる費用として1児につき42万円が支給されます。すべての保険加入者が対象です。保険に加入している人やその扶養家族が出産した際に、加入先に請求すると支給されます（妊娠85日以上の死産・流産の場合も支給されます）。

今では、出産費用の立替負担を軽減するために、保険証を病院に提示すれば、健康保険から病院に直接支給される「直接支払制度」という方法が普及しています。仮に、出産費用が42万円以内で納まった場合、差額は請求すればもらうことができるので、加入先への請求をお忘れなく。

また、「そんなの知らなくて、もらってなかった！」という人は、出産日の翌日から数えて2年の間であれば請求できるのでご確認ください。

(3) 出産費貸付制度：出産費用が借りられる

社会健康保険加入の場合、全国健康保険協会には出産に要する費用が必要である場合に、前述の出産育児一時金が支給されるまでの間、無利子の貸付制度があります。貸付金額は1万円を単位とし、出産育児一時金支給見込額の8割程度の額を限度とします。

また、国民健康保険に加入している場合も、各自治体での出産費資金貸付制度、生活福祉資金貸付制度といった同様のものがあります。

(4) 出産手当金：産休中にもらえるお金

社会健康保険から1日につき、標準報酬日額の3分の2程度の金額が支払われます。税金はかかりません。

社会健康保険に加入している本人が出産したときのみが対象で、扶養家族である配偶者が出産したとしても受け取れません。また、国民健康保険にはありません。

受け取れる期間は、出産日（出産が予定日より後になった場合は、出産予定日）以前42日（多胎妊娠の場合は98日）から産後56日までの範囲内で、会社を休み給与の支払いがなかった期間が対象となります。

なお、会社を退職した場合も、退職日までに継続して1年以上の保険加入期間があり、条件を満たしていれば、退職後も出産手当金の支給を受けることができます。ただし、退職日に出勤してしまうと、継続給付の条件を満たさなくなり、退職日以降の出産手当金は支給されないのでご注意ください。

(5) 育児休業給付金：育児休業中にもらえるお金

雇用保険から支給されるものです。12か月以上雇用資格のある勤務をしていて、従業員が育児休暇を取得した場合にもらえます。つまり1年以上、雇用保険に加入している必要があります。給与のように、直接振り込まれます。

期間は産後から子どもが1歳になるまでの1年間ですが、産後休業（8週間）は含まれないので実質10か月となります。延長事由がある場合は、1歳6か月まで延長が可能です。給付額は、「休業開始をした時点の賃金の日額×支給日数×40％（ただし平成26年4月現在は50％）」です。

(6) 乳幼児の医療費助成制度：赤ちゃんにかかる医療費を、各自治体が負担してくれる制度

お住まいの地域によってもらえる金額や条件が異なるので、市区役所などにお問い合わせください。

第2節

児童手当と税金について知っておく

所得税は平成23年分から、住民税は平成24年から扶養控除の仕組みが変更され、従来の子どもの扶養控除はなくなりました。

(1) 児童手当

これまでは、0歳から15歳までの子どもについては、従来は所得税から38万円、住民税から33万円が扶養控除により引かれていました。これが一切なくなりました。そのかわり、児童手当（旧こども手当）が支給されています。

児童手当の支給額（月額）は以下のとおりです。

- 0歳～3歳未満：1万5千円（すべての子それぞれに）
- 3歳～小学校修了前：1万円（第一子と第二子それぞれに）1万5千円（第三子以降）
- 中学生：1万円（すべての子それぞれに）

所得税率が5％の場合、子ども1人あたり所得税が1万9千円、住民税が3万3千円増税となりましたが、児童手当の年支給額はこの金額以上になるので法改正によってお金が増えたことになります。

一方、所得税率が30％の場合は所得税が11万4千円、住民税が3万3千円と、児童手当で入ってくるお金以上に税負担が増し、結果としては増税になったということになります。

なお、児童手当には税金はかかりません。児童手当の財源は、国民の税金です。

(2) 医療費控除

医療費控除については第6章で詳しく説明していますが、1年間(1月~12月)に医療費の支払いが多かった場合、所得税や住民税が下がり、給与から天引きされていた所得税の一部が確定申告により返ってきます。

もしも12月に出産すると、妊娠中の検診費用から出産費用までを1年にまとめることができ、大抵税金が返ってくる額が多くなります。

また、12月に限らず、出産のあった年には、検診や出産費用などいつもより医療費がかかるので、医療費控除の確定申告を行うことによって、税金が返ってくる可能性が高くなります。お金がかかる歯の治療などを、出産する年にまとめて行うのもおすすめです。

医療費控除を受けられるもの・受けられないものなどについて次ページにまとめました。なお、確定申告書の書き方については、第6章や巻末を参考にしてください。

妊娠・出産関連で医療費控除の対象となるもの	・妊娠と診断されてからの定期検診や検査などの費用 ・赤ちゃんの検診費用 ・入院、治療費用 ・通院費用（電車やバスなど公共交通機関） ・不妊治療費、人工授精治療費 ・助産師による分べんの介助の対価 ・出産で入院するときにタクシーを利用した場合、そのタクシー代 ・入院中の病院で支給される食事の費用 ・乳腺炎などがあった場合の助産師による母乳マッサージの費用 ・医薬品であるクリームの費用など
妊娠・出産関連で医療費控除の対象とならないもの	・妊娠検査薬の代金 ・妊婦用下着の代金 ・入院中の、出前や外食による食事代 ・実家で出産するための帰省費用 ・入院に際し、寝巻きや洗面具など身の回りの品を購入した費用 ・医師への謝礼 ・赤ちゃんの紙おむつ、ミルク代 ・インフルエンザ予防接種代 ・治療用とは認められないマッサージクリームの費用など
妊娠・出産関連の医療費合計から引かなければいけないもの	・出産育児一時金　※出産手当金は引かなくてもＯＫ ・損害保険契約や生命保険契約にもとづき支払いを受けた入院費給付金など ・高額療養費など

第3節

ワーキングマザーの休暇、保険料、税金

(1) 産休・育休の仕組み

働いている女性にとって、妊娠・出産後の勤務がどうなるかはとても気になるところです。従業員の勤務については「労働基準法」という法律で決められていて、妊娠や育児をしている人への待遇についても示されています。

たとえば、出産前後の勤務について、産前の6週間（双子以上の妊娠の場合は14週間）は、妊娠中の女性が休暇を請求した場合は与えなければならず、産後8週間は本人から請求されてもされなくても原則として産後休暇を与えなければならないとなっています。なので、勤め先の意向に関わらず、最低でも合計14週間は休暇がとれるというわけです。ただし産休をとっている間の給料については、どうすべきか法律で定められていません。よって、多くの会社では無給となっているので、前節で挙げた出産手当金などがあれば、助かりますね。積極的に利用しましょう。

産休期間が終わったあとは、育児休業があります。

通常、産後8週間の産後休暇を経過した日から開始して、子どもが1歳（保育所への入所ができなかった場合などは1歳6か月）に達するまで、育児休暇をとることができま

す。これは、女性はもちろん男性も取得可能です。また、夫婦ともに取得することも可能です。

育児休業の申出があった場合は、会社は原則として拒否することはできません。

産休・育休中は給与が支給されないことが多いのですが、出産手当金などは非課税なので所得税の負担はありません。しかし、住民税の支払いはなくなりません。住民税は前年の所得に対して計算されているものだからです。

したがって、住民税を自分で納付せずに、給与から天引きされるかたちで納付している人は、産休・育休中に天引きされるはずの住民税を会社に振り込むなどしなければなりません（無給なので天引きできないため）。

また、社会保険と厚生年金は、従来産休中は免除にはならなかったのですが、平成26年4月30日以降に産休が終了する人は、勤め先をとおして、「産前産後休業取得者申出書」を日本年金機構へ提出すれば、社会保険料が免除になります。

なお、この申出は、産休中に行わなければならないのでご注意ください。また、産休後の育児休業中も従来どおり、社会健康保険と厚生年金は勤め先を通して手続きを行うことによって支払いが免除となります。免除であり、保険から脱退するわけではないので、ご安心ください。

(2) 産休・育休時の税金

産休・育休中は、給与が支給されないことが多いので「生活が大変！」と思うかもしれません。でも、ひょっとすると、夫の税金が下がるかもしれません。

というのも、産休・育休中の無給により、年収103万円以下や130万円以下になるかもしれないからです。もし、そうであれば、その年は扶養家族になって、夫の税金計算の際に、配偶者控除か配偶者特別控除を受けることができます。該当する場合は、夫の年末調整の際に、控除を受けるのを忘れないようにしてください。

また、育児休暇後に、職場に復帰する際、子どもを保育所に預ける人が多いと思います。この保育所の保育料は、保護者の前年の税額控除前の所得税額（所得税が非課税の場合は、前年度の住民税が「課税」か「非課税」か）と、入所する子どもの年度当初の年齢によって決定します。共稼ぎ夫婦の場合は、夫婦２人の所得税額の合計となります。

所得税額の調べかたは、確定申告をされていない人は、年末調整の際に勤め先からもらう源泉徴収票の「源泉徴収税額」の欄を見ればわかります（住宅ローン控除などで税額がゼロになっている場合はこの欄で判断するのではなく、会社の担当者や税理士等専門家に相談してください）。

当然、所得税額が高い人は、保育料が高くなります。私の友人でも、保育料が高くて「何のために働いているのかわからなくなる…」といっていた人がいます（笑）。

このように、所得や所得税は、いろいろな値段を決定する基準となっていることがおわかりいただけたかと思います。

所得税が間違っていると、様々なところに影響がでてしまいます。自分の所得税が正確に計算されているかは、とても大事なことなのです。年末調整や申告が間違っていないか、もれはないのかを確認できるようになっておきましょう。

第4節

子どもの教育資金に税金をかけないためには

子どもを育てるには、とてもお金がかかりますよね。平成25年から始まった教育資金贈与が非課税になるという制度は、「祖父母から教育資金をもらっても税金（贈与税）をかけませんよ」というものです。

通常、親からでも祖父母からでも、年間110万円超のお金などをもらうと税金がかかります。税金をかけずに親や祖父母のお金を子世代にどんどん分散させられるとなると、相続税を払う人がいなくなりますし、「お金持ちの子どもはお金持ち」という、より格差が広がった社会になってしまうからです。

しかし、この制度を利用すれば教育資金に限り110万円を超えても税金がかかりません。

具体的には平成25年4月1日から平成27年12月31日までの間に、祖父母が30歳未満の孫に教育資金に使うお金を贈与した場合、1千500万円までは贈与税がかかりません。

手続きは、そのお金を預ける金融機関に「教育資金非課税申告書」を提出します（税務署での手続きは不要です）。

制度利用にあたっての注意点は、以下のとおりです。

・教育資金非課税申告書は1枚しか提出できないので、金融機関を一つに絞る必要があります。

・教育資金の支払った領収書を金融機関に提出することによって、預けたお金の引出しを行います。領収書は1年以内が提出期限です。

・贈与を受けた人（孫）が30歳になったときに贈与されたお金を使い切っていない場合は、その時点から使い切っていない金額に対して贈与税がかかります。

・学校以外に支払われるもの（学習塾、そろばん、水泳教室など）も「教育資金」に該当しますが、学校以外への支払いについては500万円が非課税となる限度です。

なお、学費や生活費の負担と贈与については、この制度ができる前から無税となっています。

たとえば、家から遠く離れた地域への大学入学が決まった場合の1人暮らしの費用、通常の日常生活を営むのに必要な費用、教育上通常必要と認められる学費、教材費、文具などの生活費や教育費には贈与税がかかりません。つまり、入学金や学費を親が直接学校に払込むなど必要な都度、直接これらの用にあてられるために渡されたお金であれば、以前から税金はかかっていませんでした。

なお、生活費や学費の名目でもらったお金を預貯金、または株の買入れもしくは家屋の買入れ代金にした場合などは、贈与税がかかります。

第4章

離婚にまつわる金銭トラブル回避法

第1節

離婚届は元日を過ぎてから（離婚した場合の年末調整）

専業主婦の妻と離婚した場合、夫は配偶者控除をいつまで受けられるのでしょうか？たとえば、12月に離婚が成立した場合、1年の大半は妻を扶養していたわけですから配偶者控除を受けられそうですが…。

結論をいうと、配偶者控除を受けることはできません。

配偶者控除や扶養控除は「12月31日の現況による」と法律で定められています。12月29日に離婚が成立し、1年の大半を扶養していたとしても、配偶者控除の適用はないのです。

これは、年末に結婚した場合で、配偶者の合計所得金額が38万円以下であれば、ほとんど扶養していないにもかかわらず、配偶者控除を受けることができる（第2章第1節参照）ということとの整合性が保たれています。

なお、この「離婚」とは、実際に籍を抜いたかどうかということです。

たとえば、12月30日に離婚の合意ができて、翌年の1月2日に離婚届を提出した場合は、自分達は年末に離婚したつもりでも、手続き上は翌年の離婚となります。よって、前年の年末調整（または確定申告）においては12月31日の状況（＝婚姻中）を元に判断され、配偶者控除を受けることができます。いくら夫婦仲が破たんし、別居をしていたとしても、籍を抜かない限りは所得条件さえクリアしていれば配偶者控除を受けることができるのです。

逆に、年内に籍を抜いた場合、毎月の給与から配偶者控除を適用して計算された税金が天引きされているので、年末調整で、配偶者控除が受けられなくなって高くなった分の税金を納める可能性が高くなります。

「さっさと離婚して年内にすっきりしたい」と思う人も多いかもしれませんが、もしも自分が夫の扶養家族になっていた場合、夫の減税のために、離婚届の提出を年明けまで待ってあげるのが最後の愛情かもしれません。

もちろん最後にこのような情け（?）をかけるのか、「税金払え！」と年内に提出するのかは、あなた次第です。

なお、離婚ではなく、死別の場合はそれが何月であったとしても、亡くなられた年は配偶者控除を受けることができます。

第2節

どちらが扶養控除を受けるのか

扶養控除範囲内の子ども（16歳以上）がいて離婚した場合でも扶養控除は受けられます。では、妻と夫のどちらが扶養控除を受けられるのでしょう？

子どもを引き取った妻？　それとも1年の大半を扶養してきた夫でしょうか？

これは「子どもを引き取ったか」ではなく「生計を一《いっ》にしているかどうか」で判断されます。「生計を一に」とは生活費を共にしているという意味です。同じ屋根の下で住まなくとも、その子の生活費や学費などの負担をし、生活の面倒をみているほうが、生計を一にしているといえます。

つまり、子どもを引き取らなかったほうの親が、養育費を定期的に送金するなど、常に生活費などの送金を行っていれば、そちらが扶養している控除を受けることとなります。

たとえば妻が子どもを引き取っていて、元夫が離婚後もそれなりの養育費を毎月きちんと送金して、その子を実質扶養している場合は、元夫が扶養控除を受けることができます。

ただし、扶養控除のダブル適用は認められず、子どもを引き取った妻も扶養控除を受け養育費を払っている夫が扶養控除を受けるということはできません。

第3節

離婚後の健康保険はどうなるのか

夫の社会健康保険の扶養に入っていた場合、離婚後は家族としての保険資格を喪失するため、社会健康保険を脱退しなければなりません。

自分も勤めている場合は、勤務形態を変えその勤め先の社会健康保険に加入するか、社会保険加入の条件を満たさない場合や勤めていない場合は自分で国民健康保険と国民年金に加入することになります。

婚姻中に夫と共に国民健康保険だった人も、いったん夫の国民健康保険を脱退して、新たに自分名義の国民健康保険に加入することになります。

従来の保険が社会健康保険の場合、脱退の手続きは夫の勤め先を通じて行いますが、加入はどこを選ぶにしても自分で行わなくてはなりません。

従来の保険が国民健康保険であった場合は、脱退、加入の手続きは、お住まいの市区町村にて手続きを行うことになります。

また、子どもがいる場合、子どもは離婚によって保険資格を喪失しないので、特に手続きをしなければ、そのまま夫の保険に加入し続けることになります。

国民保険の場合は、「一緒に加入している人の数」(均等割)で保険料が上がるので、子どもを妻と夫どちらの保険に入れるかで、それぞれ保険料の支払額が変わります。

第4節 シングルマザーが受けられる補助金など

離婚して、妻が子どもを引き取った場合、母子家庭となるので、国からの補助を受けることができます(父子家庭の場合も同様です)。受けられる補助金などは、次のとおりです。

(1) 児童扶養手当

国から支給されるもので、受給するためには、お住まい市区町村への申請が必要です。受給できるのは、次の❶〜❾のいずれかに該当する子どもについて養育している場合で、実の子どもでなくても以下に該当する子どもを扶養していれば受給できます。

❶ 父母が婚姻を解消した子ども
❷ 父または母が死亡した子ども

郵便はがき

料金受取人払郵便

神田局
承認
1124

差出有効期間
平成28年3月
31日まで

（切手不要）

101-8791

518

東京都千代田区内神田1－6－6
（ＭＩＦビル５階）

株式会社 清文社 行

ご住所　〒（　　　　　　　　）

ビル名　（　　階　　号室）

貴社名

部　　課

お名前《ふりがな》

電話番号	ご職業

E－mail

※本カードにご記入の個人情報は小社の商品情報のご案内、またはアンケート等を送付する目的にのみ使用いたします。

愛読者カード

ご購読ありがとうございます。今後の出版企画の参考にさせていただきますので、ぜひ皆様のご意見をお聞かせください。

■本書のタイトル (書名をお書きください)

1. 本書をお求めの動機

1.書店でみて(　　　　　　　　　　　　　) 2.案内書をみて
3.新聞広告(　　　　　　　　　　　　　) 4.雑誌広告(　　　　　　　　　　)
5.書籍・新刊紹介(　　　　　　　　　　　　　) 6.人にすすめられて
7.その他(　　　　　　　　　　　　　)

2. 本書に対するご感想 (内容・装幀など)

3. どんな出版をご希望ですか (著者・企画・テーマなど)

■小社新刊案内(無料)を希望する　1. 郵送希望　2. メール希望

❸ 一定程度の障害状態にある子ども
❹ 父または母が生死不明の子ども
❺ 父または母が1年以上遺棄している子ども
❻ 父または母が裁判所からのDV保護命令を受けた子ども
❼ 父または母が1年以上拘禁されている子ども
❽ 婚姻によらないで産まれた子ども
❾ 棄児などで父母がいるかいないか明らかでない子ども

児童扶養手当は、平成25年12月現在で最高月額4万1千140円です（子ども1人の場合）。ただし児童扶養手当は、受給資格者の所得の額などによって決められ、所得制限があります。所得控除額にもよりますが、給与年収がだいたい400万円を超えるとまったく受給できなくなる可能性がでてきます。また、未婚の母も受給することができます。

なお、児童扶養手当を受給している場合、各市区町村により、バスなど公的交通機関の無料パスが支給されたり、国民健康保険料や下水道使用料金の減額などをしてもらえる場合があります。

(2) ひとり親家庭の医療費助成制度

これは、ひとり親家庭の医療費を助成するというものです。子どもが満18歳になるまでは、親子どちらも医療費が無料になります。手続きは市区町村で行います。

(3) 就学援助制度

これは、経済的理由により就学困難と認められる子ども（主に義務教育課程の小中学生）の保護者に対して、市区町村が必要な援助を与えるという制度です。学用品費、通学用品費、修学旅行費などの一部が援助されます。実際に援助を受けるためには、通学先の学校や教育委員会に問い合わせてください。

(4) 公的貸付

母子福祉資金貸付や女性福祉資金貸付など、市区町村から低金利でお金を借りることができる制度があります。

(5) 慰謝料、養育費

この場合の慰謝料とは、離婚によって受ける精神的苦痛に対して離婚した相手から支払われるお金のことです。

養育費は、離婚する夫婦の間に未成年の子どもがいる場合、離婚した相手から支払われるものです。子どもに対しては、親権と監護権があり、それぞれ夫か妻のどちらかに決めます。監護権を持った親は、持っていない親に対して、子どもを育てていくための養育に要する費用を請求することができます。養育費とは、この費用のことです。

慰謝料、養育費をもらう場合は原則的に税金はかかりません。ただ、社会通念上、異常に高いと思われる金額である場合は、「贈与」と思われ、贈与税という税金がかかってくる可能性もありますので、個別に専門家（税理士）にご相談ください。

児童手当・児童扶養手当・遺児手当についても、税金はかかりませんので、様々な判定で出てくる「所得」には含めなくても大丈夫です。

第5節

シングルマザーの受けられる税の軽減

離婚した人に子どもがいる場合、所得税や住民税が下がることがあります。条件にあてはまれば、寡婦《かふ》（夫）控除という所得控除を受けられるからです。引ける所得控除が増えると、払う税金は少なくなります。なお、寡婦（夫）とは、配偶者と死別または離別し再婚していない人という意味です。男女ともに受けられますがここでは女性の場合を例にします。

(1) 適用条件（あてはまる人）

どういう人が該当するかというと、その年の12月31日の現況で、まずは夫と死別あるいは離婚し、その後結婚していないか、夫の生死が明らかでない人で、扶養している親族や子どもがいる人あるいは自分の合計所得金額が年500万円以下の人です。

なお、年間所得38万円以下である子どもを引き取っている場合は、親の所得や子どもの年齢に関係なく寡婦控除を受けることができます。

現在、児童手当（こども手当）とのかねあいで、16歳未満の子どもを扶養していても扶養控除の適用は受けませんが、この寡婦控除の判定では、年齢にかかわらず、お子さんの合計所得金額が38万円以下であれば、条件を満たすので、間違わないようにしてください。

ただし、まぎらわしいケースとして、「実家に子どもを預けて働いていて給与年収が300万円以上あり、子どもは預かっている実家の所得税の計算において扶養控除としている」といった場合、子どもがいても扶養親族には該当しませんが、扶養親族なしのご自身の合計年間所得金額が500万円以下という条件は満たすので、寡婦控除を受けることができます。

(2) 控除

寡婦控除の控除できる金額は、27万円です。

寡婦であるという条件は満たしたうえで、「扶養親族である子がいる」「合計所得金額が500万円以下」という条件を二つとも満たしている方は「特定の寡婦」というものに該当し、控除額がさらに増え、35万円が控除できます。なお、「寡婦控除＋特定寡婦控除」にはなりません。27万円（通常の寡婦）を引くか、35万円（特定の寡婦）を引くかのどちらかですよ。

なお、この寡婦控除（特定の寡婦も含む）、「夫と死別したか離婚したか」と条件がついているので、入籍したという過去が必要です。

「未婚のまま子供が産まれて、合計所得金額が500万円以下」といった場合は、この寡婦控除を受けることができません。児童扶養手当とは違う点なので注意してください。

また、「離婚」や「死別」という個人的な情報は、年末調整を行う勤め先にとって、とても確認しにくいものです。「給与所得者の扶養控除等（異動）申告書」にて、ちゃんと伝えておかないと、寡婦控除をしないまま税金の計算がなされ、本来支払わなくてもよい税金を納めることになります。勤め先に個人の事情を知られるのがイヤなのであれば、年末調整後に必ず確定申告を行い、正確な税金を確定するようにしてください。

第6節

離婚後のマイホームはどうなるのか

離婚をする際、「財産分与」といって、婚姻生活中に夫婦で協力して築き上げた財産を、その貢献度に応じてそれぞれ分配することになります。

財産分与で受け取ったものについては、税金はかかりません。

しかし、財産分与のなかでやっかいなのはマイホームです。今まで住んできた愛の巣は、愛がなくなったとたんお荷物になり、税金の問題までも起こってしまうのです。

マイホームは、主に夫婦の共有名義の場合と、どちらかの単独名義の場合があります（共有名義の財産は、住宅ローンがあった場合、そのローン負担をどうするか、また売却してお金にかえようにも希望金額で売れなかったりなど、こじれるケースが多いのであまりおすすめはしません！）。それぞれに分けて、気をつけなければいけない点を説明します。

ケース① 共有名義のマイホームがある場合

マイホームが共有名義の場合、どちらか一方に自分の持分を財産分与として渡すか（ケース②参照）、マイホームを第三者に売却してお金にかえ、そのお金を夫婦で分けるかのどちらかになると思います。

共有名義のマイホームを売却してお金にかえることは、それぞれが自分の財産を売却するということになります。よって、2人とも、土地や建物を売った場合に行う「譲渡申告」が必要となります。

売った金額から、買ったときの金額と仲介手数料などの売るためにかかった費用を引いて、建物については築年数に応じた価値の目減り分（減価償却といいます）を引いて残った金額があればそれに所得税と住民税がかかります。

とはいえ、大抵の場合、残った金額があっても「税金が！」と焦ることはありません。住んでいたマイホームを売却した場合には特例があり、残った金額が3千万円までなら税金はかからないことになっています。

ただし、この特例を使う場合は、確定申告期限内に申告することが条件となっているので「3千万円以内だし、税金かからないわ」と放置せず、売った年の翌年3月15日までに必ず申告を行ってください。

ケース② 単独名義のマイホームを財産分与としてもらった場合

もらったあなたは、贈与としてもらったわけではないので贈与税はかかりません。しかし、渡したほうは譲渡所得の申告をしなければなりません。

「売らずにマイホームをそのまま渡しているのに申告？　どういうこと？」という感じ

ですよね。

そもそも財産分与とは「財産を分けてよ」と請求する権利に対して行われるものなんですね。請求されている金額を渡せば、「請求されていること」から解放されます。

マイホーム自体を財産分与として渡す場合も、マイホームを売却によってお金にかえて、その対価でもって請求に対応した、つまり「譲渡があった」として、譲渡申告をしなければならないのです。マイホームを売ったお金で渡した場合とマイホームを売らずにそのまま渡した場合と違いがないようになっているのです。

具体的には財産分与したときのマイホームの時価が、譲渡所得の収入金額となり、そのマイホームを購入したときの金額と差額があれば、税金（所得税と住民税）がかかってしまいます。

なお、ケース①の「マイホームを売却した場合の特例」は、通常は配偶者や親族に売却した場合は受けることができないものですが、財産分与としての場合、その後すぐに戸籍が抜ける場合や離婚後であれば他人への譲渡になるため、この特例が使えます。

財産分与としてマイホームをもらったそのときの時価で土地や建物を取得したことになります。

ちなみに、今後、そのマイホームを売る場合には、この時価が取得価格となるので、もらったときの関係資料を残しておくとよいでしょう。

どういうかたちにせよ財産分与を行う場合は、のちのちの税金に影響する場合があるので、専門家の意見を聞きながら、しっかりと決めて文書に残すことが大切です。また、離婚後に財産分与を請求することも可能ですが、離婚したときから2年以内という期間制限があるので、できれば離婚の際に話しあうことをおすすめします。

第5章

転職、退職で変わる収入

第1節

退職金にも税金はかかる

お勤めを辞めるにあたり、退職金がもらえる場合と、もらえない場合があります。というのも、退職金は、永年の勤務をねぎらう意味で支給されますが、「退職金を支払わなければいけない」と法律で、決まっているわけではないのです。

したがって、退職金制度がある会社は、勤務年数に応じて退職金が支払われます。退職金制度を作るかどうかは会社の自由ですので、退職金制度がなく支給されない会社もあります。就職する際に、確認しておくとよいでしょう。

さて、退職金をもらったら、税金はかかるのでしょうか？　かかるとすれば、給与としてもらう200万円にかかる税金と、退職金としてもらう200万円にかかる税金は同じでしょうか？

退職金に対しては、もらった金額すべてが課税対象とならず、あまり税金がかからない仕組みになっています。たとえば給与としてもらう200万円にかかる税金と、退職金としてもらう200万円にかかる税金は同じではありません。

退職金の税金の計算の仕方は退職金収入から「退職所得控除額」というものを引き、そこからさらに半分にした金額となります。この退職金所得控除額は、勤務年数が20年以下の場合は、「40万円×勤続年数（80万円に満たない場合には、80万円）」、勤務年数が20年を超える場合は、「800万円＋70万円×（勤続年数－20年）」と決まっています。

また、勤務年数に端数が出る場合は、端数を切り上げて計算します（例：5年2か月→6年）。「丸5年で辞めます」というより、5年1か月で辞めたほうが、退職所得控除額が増える（＝税負担が減る）ので退職金が多い場合は得かもしれませんね（笑）。

給与200万円の場合だと、「200万円－78万円（給与所得控除額）＝122万円（所得）」なので、退職金としてもらう200万円のほうが税金負担が少ないという結果になります。

その他、退職金収入に含まれるなかで忘れがちなのが「解雇予告手当」です。労働基準法という労働者のための法律のなかで「労働者を解雇する場合には、原則として少なくとも30日前に予告するか、30日分以上の平均賃金（解雇予告手当）を支払わなければならない」と決められています。

社長から「お前はクビだ！　明日から来るな！」といわれた場合、通常の給与とは別に解雇予告手当を請求することができます。この解

具体例　4年勤めて200万円の退職金をもらった場合

200万円（退職金の額）－160万円（40万円×4年）＝40万円
40万円÷2＝20万円←退職所得

雇予告手当も退職金収入となるので、あわせて退職所得を計算しましょう。

第2節

退職金の税金が高すぎないか確認する

前節にて退職金には、税金があまりかからない仕組みになっていると説明しました。そもそもの退職金が少ないのはどうしようもありませんが（笑）、「ちょっと手取り額が少ないのでは…」と思う場合は、退職金から天引きされている所得税が正確に計算されているか確認してみましょう。

前節で挙げた「退職所得」（退職収入－退職所得控除）×1／2）の金額に、その金額に応じた所得税率をかけて所得税を計算します。この金額以上に源泉が引かれていれば、多めに引かれているということになります。

退職金の税金の計算は、個別で計算をすることになっているので（分離課税）、他に給与があろうと、退職所得の金額だけをみて、所得税率を確認すればOKです。たとえば計算してでてきた退職所得が20万円の場合、他に給与が300万円あったとしても、20万円に対する所得税率5％を20万円にかけて、退職金の所得税を計算すればよいのです。天引きされている金額は、合っていたでしょうか？

退職金を支給する場合、給与と同じように所得税を天引きすることになっているのですが、「退職所得の受給に関する申告書」という書類を、退職する人が提出していないと、退職金の支給額に一律20.42％の税率をかけた額を天引きすることになっています。

多めに天引きされているようであれば、退職所得の源泉徴収票をもとに確定申告を行えば、所得税が返ってきます。勤め先が発行した退職所得の源泉徴収票をなくさないようにしてください。

第3節

退職したら確定申告をしたほうが得

退職金をもらえなくても、退職した場合は確定申告を行えば、税金が返ってくる場合があります。

毎月の給与からは、所得税が天引きされていますが、天引きされている所得税の額は、1年間給与をもらうという前提で計算された概算額です（第1章第4節参照）。なので、年の途中で退職し、その後、年内は働かなかった場合、多めに引かれている可能性が高いです。

通常は、勤め先が行う年末調整で税金の精算を行いますが、退職すると年末調整を受けることができません。したがって、自分で確定申告を行うことにより、正確な税金を計算し、多めに納めている場合は取り戻しましょう。

確定申告は、退職した年の翌年の3月15日までに行います。

必要書類は、給与源泉徴収票・生命保険料控除証明書や地震保険控除証明書などです。また、忘れがちなのが、退職後に支払った健康保険料や国民年金の申告です。社会保険料控除として引けるのは、1月から12月までの間に支払ったものなので、勤めている間のものだけではなく、他にも支払ったものがあれば申告しましょう。

勤めている間に、給与から天引きされている社会保険料は源泉徴収票に記載されていますが、退職後に自分で支払った健康保険料などは、資料がないとわからないので、領収書などは残しておくようにしてください。

第4節

退職した自分は扶養家族に該当するか確認する

年の途中で退職した人は、給与年収が103万円以下になっている可能性があります。その場合は、家族の扶養家族に該当します(第2章第1節参照)。結婚している人は、配偶者控除または配偶者特別控除を適用できるので、忘れないようにしてください。

また、再就職した場合は、退職した勤め先から受けた給与収入と再就職した勤め先から受けた給与収入の合計を計算してみてください。

その年の税金は、前年末に提出した「給与所得者の扶養控除等（異動）申告書」に記載されている情報を元に、毎月の所得税が計算され、天引きされています。12月の時点で、扶養家族に該当することを「給与所得者の保険料控除申告書兼給与所得者の配偶者特別控除申告書」という書類に記入して、控除を受ける人（配偶者や親など）の勤め先に知らせて正確な税金を計算してもらうようにしてください。

第5節

退職しても住民税はかかる

住民税の納付の仕方には、自宅に住民税の納付書が送られてきて自分で住民税を納付する「普通徴収」という納付の仕方と、勤め先が毎月の給与から住民税を天引きして代わって各市区町村に納付する「特別徴収」という納付の仕方があります。

毎月の給与から住民税が引かれている場合は、退職すると残りの月から引く予定の住民税が未納状態となってしまいます。住民税は、前年の収入に対する税額なので、収入がなくなっても納めなくてはいけません。

よって、退職する際には、残りの金額を勤め先に一括で渡し、勤め先を通じて納付してもらうか、自分で納付するかたち（普通徴収）かのどちらかを選択することになります。

第6節

退職すると失業保険がもらえる

退職の際にもらえるのが失業保険です。失業保険がもらえる条件は、以下の❶❷、注意点は❸です。

❶ 働く意思と能力があり、努力しているのに、就職できない状況にあること

❷ 退職以前の2年間に、雇用保険被保険者期間が通算して12か月以上あること（さらに前に転職経験があり失業保険をもらっていない場合は、前職での被保険者期間と通算しての判定）

❸ 退職日の翌日から7日間は待機期間となり失業保険はもらえない

よって、病気やケガ、妊娠や出産、育児ですぐに就職できない人は、❶の条件を満たさないため、失業保険がもらえません。

ただし、働く意思はあるのに、こうした理由でフルタイムで働けなくなり、いったん退職したという場合は、必ずハローワークで受給期間の延長手続きを行ってください。

というのも、通常、離職してから1年を超えてしまうと、失業保険の給付が受けられ

なくなるためです。回復したり出産後に働くことのできる状況になったりしても、退職から1年を超えてしまっていると、失業保険を受けることができないのです。

ただ受給期間の延長手続きを行えば、この1年を最長3年まで延長することができます。手続きは、離職日の翌日から30日を過ぎた日から1か月以内なのでお忘れなく。必要書類は、「受給期間延長申請書」、「離職票の1」、「離職票の2」、本人の印鑑（認印）、必要に応じ各種証明書です。ハローワークで確認してください。

もらえる失業保険の金額や期間は、受給する人の年齢、雇用保険の被保険者であった期間及び離職の理由などによって、90日〜360日の間でそれぞれ決められます（所定給付日数といいます）。

倒産や解雇により失業した人は、❷の条件を満たしていなくても（未加入を除く）失業保険を受給することができるなど、一般の失業者よりも受給に関して配慮がなされています。

失業保険の手続きは、以下のとおりです。

❶ 勤め先から渡される離職証明書に本人が名前を書いて押印または自筆による署名をします。このときに、離職理由などの記載内容についても確認しましょう。自己都合退職ではないのに、「自己都合」になっていないかなどに気をつけてチェックしましょう。

❷退職後、「雇用保険被保険者離職票（1、2）」が届きます（会社に受取りに行く場合もあります）。

❸住居を管轄するハローワークに行き、必要書類を提出して、求職の申込みを行います。

必要書類…「雇用保険被保険者離職票（1、2）」、住所及び年齢を確認できる写真つきの本人確認書類、写真（たて3㎝×よこ2.5㎝の正面上半身のもの、かつ、3か月以内に撮影したもの）2枚、印鑑、本人名義の普通預金通帳です。

❹ハローワークから初回説明会の日時の案内がくるので、必ず出席します。

❺自己都合退職の場合などは、3か月の給付制限期間を経て支給対象期間（失業保険がもらえる期間）となります。

❻ハローワークにて4週間に1度、失業の認定（失業状態にあることの確認）が原則として行われます。指定された日に管轄のハローワークに行き、「失業認定申告書」に求職活動の状況などを記入し、「雇用保険受給資格者証」と共に提出します。

ここまでを受給期間である退職後1年以内に終わらせる必要があります。❸の手続きが遅れてしまうと、その後の期間もその日数分遅れることになります。

そして給付日数90日が経過しないで、受給期間の1年間を経過してしまうとそこで給付も終了となってしまい、給付日数があっても、失業保険はもらえないので、早めに求職の手続きに行くようにしましょう。

起算は、ハローワークに行った日ではなく、あくまでも離職日（退職）です！

第7節

失業保険はいくらもらえるのか確認する

退職してから次の就職が決まるまでの間、所定給付日数（基本手当が支給される最高日数）を限度として、失業保険が支給されますが、もらえる金額は、もらっていた給与によって異なります。

原則として、退職した日の直前の6か月の間に毎月決まって支払われた給与（各種手当や交通費は含み、賞与は除く、手取りではなく支給額）の合計を180で割って算出した金額のおよそ50～80％（60歳～64歳については45～80％）となっています。賃金の低い人ほど高い率となっています。

働いていたときの給与の額がそのままもらえるわけではないので、退職後に失業保険はもらえても、毎月の収入は減ってしまうことは確実です。

支給額の算定で、退職した日の直前の6か月の間が計算対象となるため、「退職前の半年間は、コンスタントに残業するぞ！」と思う人もいるみたいですね。たしかに残業をすることによって平均額が上がり、支給額も上がる可能性があります。

しかし、支給金額には、年齢区分ごとに上限額が定められているので、「残業すればするだけ支給額が多くなって得！」と単純にはいかないようです。

第8節

失業保険の税金と保険

失業保険とは、失業中に最低限の生活を送るために、社会保障の観点から支給されるものです。

よって、失業保険金は所得とはされず、税金はかかりません。確定申告の際に申告する必要もないですし、再就職先で申告する必要もありません。国民健康保険料の算出にも影響はありません。

しかし、配偶者や親などの社会保険の扶養家族として加入する場合、この失業保険が収入とされ、扶養家族として加入できないことがあります。会社の所属する健康保険組合によって違うようですが、失業保険を収入とする場合は、失業保険の日額が3千612円以上になると、年間収入が130万円を超える見込みがある（130万円÷12か月÷30日＝3千611

円）ということになり、社会保険の扶養になることはできません。

社会保険の扶養家族として健康保険に加入される場合は、各健康保険組合にこの点について確認してください。なお、失業保険の日額は、雇用保険受給資格者証に記載されています。

第９節

退職した後の社会保険（厚生年金編）

退職すると、退職理由に関わらず、社会健康保険と厚生年金の加入資格を喪失します。

社会保険は、月末日現在に在職していればその月分の社会保険料がかかることになっています。たとえば7月31日が退職日の場合には、7月分の社会保険料がかかり、7月30日が退職日の場合には、月末日の31日には在職していないため、7月分の社会保険料はかかりません。何日を退職日とするかで、社会保険料の負担も違ってくるのです。

月末までに退職すれば、１か月分の社会保険料を支払わずに済みますが、転職する場合は注意が必要です。１か月分の社会保険料を支払わずにいようとして、月末の１日前の30日を退職日として、翌月１日から新しい職場に転職する場合、退職月が無資格状況とならないように、たった１日のために、一度、国民年金に切り替えなくてはいけません。そして、転職先で再度社会健康保険と厚生年金の加入手続きをする必要があります。

このようにしないと、たった1日のことで、思いもしない年金未加入期間ができてしまうのです。

また、厚生年金は、退職後も再就職すれば、引き続き厚生年金保険に加入できますが、再就職先が厚生年金保険の適用事業所ではなく、そして、年収額が130万円以上などにより配偶者の社会保険の扶養家族にもならない60歳未満の人は、国民年金に加入するための手続きが必要です。この手続きは、勤務先が行ってくれるものではなく、自分で行わなくてはなりません。

よく、勘違いされるのですが、健康保険と違って、厚生年金は任意継続ができません。ここで国民年金に加入する手続きを行わないと、未納付期間が発生し、将来、年金を受け取るために必要な25年（300か月）の納付に足りず、年金を受け取れなくなってしまうかもしれません。そうなると、勤めている間に負担していた厚生年金がムダとなってしまいますので、忘れずに手続きを行うようにしましょう。

国民年金の加入手続きは、住所地の市区町村に、退職日の翌日から14日以内に、年金手帳または基礎年金番号通知書を持参し、行いましょう。

なお、退職により保険料の納付が困難な場合は、失業を理由として国民年金保険料の免除申請を行うことができます。免除申請の手続きを行わないと「未納期間」となってしまうので、該当する場合は市区町村にて手続きを行ってください。

（注）なお、平成28年4月以降、週20時間パートにかかる社会保険強制加入の改正が予定されていますのでご留意ください。

第10節 退職、失業した後の社会保険（健康保険編）

退職後の健康保険には、「社会健康保険（任意継続）」、「国民健康保険」、「ご家族の健康保険（被扶養者として）」の三つの選択があります。それぞれ毎月納める保険料が異なるので、保険料を比較のうえ、選択した健康保険の手続きをしましょう。

(1) 社会健康保険の任意継続

退職する日までに、社会健康保険に継続して2か月以上加入していた人は、申請により退職日の翌日から2年間、引き続き社会健康保険に加入することができます。これを希望する場合、退職日の翌日から20日以内に手続きを行わなければなりません。

保険料は、退職時の標準報酬月額（第1章第2節参照）を元に決まるので、勤務していた際の保険料とあまり変わらないのですが、勤務時はその保険料の半分を勤め先が負担していたのに対して、任意継続の場合は、全額を自分で負担することになります。よって、最後の給与明細に記載されている健康保険料の額の2倍の金額が目安になるでしょう。

ただし、標準報酬月額は28万円が上限なので（平成25年度現在）、1か月の収入が30万を超えている人は、この目安より下がると思います。

※保険料率は都道府県ごとに異なります。

(2) 国民健康保険

住所地の市区町村で加入手続きを行います。自分1人で新たに加入するのか、すでにご家族が加入している国民健康保険に一緒に入るのかによって保険料は異なります。

国民健康保険は、社会健康保険のように年収130万円以下といった条件を満たしていなくても、家族と同じ保険に入ることが可能です。国民健康保険は一家族世帯単位で加入するからです（第2章参照）。

ただし、保険料も一家族単位での計算になるので、加入することによって保険料が上がる可能性がありますが、すでに年間最高額の保険料の場合は、それ以上は上がりません。

(3) 家族の健康保険（被扶養者として）

配偶者や親、子どもなどの家族が、社会健康保険に加入していて、自分がその扶養家族の条件を満たしていれば、社会健康保険の被扶養者として自分も加入することができます。社会健康保険は、被扶養者が加入しても保険料は変わらないので、この三つの選択肢の中では一番おトクといえます。

第11節

社会保険の任意継続か、国民健康保険か

退職後、社会保険を任意継続するか、国民健康保険に加入するかで迷う人は多いです。医療費の自己負担率は、社会保険も国民健康保険も3割と変わりないので、単純に自分が支払う保険料の金額が少ないほうを選ぶのではないでしょうか。

任意継続をする場合には手続きを行う期限があるので（前節参照）、どちらを選択するかは早めに決断しましょう。

また、それぞれ保険料の計算方法が違うので、どちらに加入するかによって保険料が変わってきます（第2章第5節参照）。また、国民健康保険料の計算方法は、お住まいの各市区町村によって異なるので、単純に「こちらが得」とは考えられません。

社会健康保険の任意継続をする場合の保険料の予測はつくので（前節参照）、その金額とお住まいの市区町村で国民保険料を算出してもらい、比較するのが早いと思います。

その場合、任意継続の場合の保険料に12をかけるなどして、年額で比較するようにしてください。社会保険と国民健康保険では、支払回数が違うので、1回の支払金額で比較してしまうと、比較結果が狂ってきます。

また、退職してその後収入がない場合に、国民健康保険は、保険料の減額が認められることもあるので、手続きについてなど市区町村の窓口で相談してみてもよいでしょう。

第6章 医療費控除、適用のススメ

第1節

医療費控除とは

病気やケガに関係のある税金といえば、「医療費控除」です。

医療費控除とは、病気やケガなどをして、1年間（1月〜12月）にある一定の金額以上を支払った人については、医療費を所得（課税対象の収入）控除（引く）できるというものです。結果、所得税や住民税額が下がります。

「1年間で10万円以上医療費を支払ったら…」という話を聞いたことはありませんか？　この「10万円」という数字は1人歩きしていますが、税法上では「10万円あるいはその年の所得金額の5％どちらか少ないほうを超えた部分が控除できる」と定められています。

たとえば「給与年収200万円」だと給与所得控除をひいて所得122万円になります。「122万円×5％＝6万100円」以上の年間医療費支払いがあれば医療費控除対象となります。お勤めをしている人は、年間の給与収入が310万円以下であれば、年間10万円以下の医療費でも、医療費控除を受けることができます。

「医療費は10万円もないわ」とあきらめないでください。また、「10万円も支払わないでしょ」と考えていたら、年の途中の妊娠や、年末の入院があった家族もあります。

「年のはじめから、領収書をためておけば…」と後悔しても後の祭りです。

1年が終わるまで、わからないのが医療費です。医療費控除が受けられるかどうかはその年の終わりにならないとわからないのです。ですから、1月から医療費の領収書やレシートはとっておくようにしましょう。

【医療費控除のポイント】

❶ 自分や家族のために、支払った医療費であること。扶養控除に該当しているなどは関係なく、同居していればOK

❷ その年の1月1日から12月31日の間に、支払った金額であること。「治療を受けた日」ではないことに注意

❸ 病気やケガに対して受け取った保険金、生命保険からの入院給付金、健康保険などから給付される高額医療費、出産育児一時金などは支払った医療費から引く

❹ 病気予防（予防接種など）や健康維持（ビタミン剤購入など）、美容整形などは対象外（治療費とは「治療目的であること」でなければならない）
　また、その支払いが保険適用内かどうかということも関係ない。保険適用内であっても「治療目的」でなければ医療費控除の対象外

❻ 老人介護用のおむつも「おむつ使用証明書」があれば医療費控除の対象となる

❼ 治療を受けるために必要となった際の交通費も医療費控除の対象となるが、自家用車で行った場合のガソリン代などやタクシー代は対象とならないため注意が必要（歩行困難などでタクシーに乗らざるをえなかった場合は別）

第2節

メタボ治療も医療費控除できる

平成20年4月から開始されている、いわゆるメタボリックシンドロームによる生活習慣病の発症リスクをおさえることを目的とした健康診断や特定健康指導のための自己負担費用が、医療費控除の対象にある場合があります。

原則、診断料・指導料そのものは医療費には該当しませんが（予防にあたるため、インフルエンザの予防接種代が医療費控除の対象にならないのと同じ理屈です）診査の結果、生活習慣病の発症の可能性が高いと判断され、引き続き同じ医師の指示に基づき特定保健指導が行われる場合はその特定健康診査と特定保険指導料の自己負担部分が医療費控除の対象になります。

ただし、指導にもとづいて行った運動の施設使用料や、食生活の改善をふまえた食品などの購入費用は、医療費控除の対象となりません。

ちなみに人間ドックを受けた場合も同様で、何かが見つかりその後治療を受ければ人間ドック代も医療費控除の対象になります。

第3節
マッサージも医療費控除できる

日々の疲れや、肩コリなどのため整体やマッサージを利用している人は多いものです。

これらの施術代は、医療費控除の対象となるのでしょうか？

もし対象になれば、税金が下がるので気になるところですよね。「でも、保険は使えないし…無理なのでは？」と思っていませんか？

しかし、左に挙げたものであれば、医療費控除の対象となります。

・あん摩《ま》マッサージ指圧師免許保持者、はり師免許保持者、きゅう師免許保持者による施術

・柔道整復師法に規定する柔道整復師による施術

なお、有資格者以外による施術やカイロプラティックなどは医療行為とみなされず、医療費控除の対象とはなりません。

よく整体やマッサージに行く人は、この点を確認してみてはいかがでしょうか？

第4節

これもできる！　医療費控除

これまでに挙げてきたものの他、「これは医療費控除の適用になりますか？」という質問が多いものを挙げておきます。

医療費控除の適用になるもの	・視力回復レーザー手術費（レーシック手術） ・歯のインプラント治療費（自費か保険適用内治療かによらず） ・介護施設、老人ホームの入居料などの一部（領収書の下の端などに「医療費控除対象金額」と書いてある場合が多い） ・不妊治療費 ・「ＣＡＬ組織増大術」を用いた乳房再建手術代 ・オルソケラトロジー治療費（角膜矯正療法） ・医師の指示による補聴器購入費（処方箋《せん》などの添付が必要）
第三者機関の発行する証明書や処方箋を提出すれば医療費控除の対象となる病名など治療を要する症状であることが、明確に記載された医師によるもの	・治療のために必要な眼鏡として医師の指示で装置するもの（斜視、白内障、緑内障などで手術後の機能回復のために装置を必要とする眼鏡、幼児の未発達視力を向上させるために装置を必要とするための眼鏡など） ※日常生活の必要性で購入する近視や遠視などの眼鏡・コンタクトレンズ（視力を回復させる治療のための支払いでないため） ・おむつにかかる費用 ・Ｂ型ワクチンの摂取費 ・ストマ用装具の購入費 ・治療用メガネ購入費 ・温泉施設利用型健康増進施設の利用料 ・在宅療養の介護費用 ・介護保険制度下での介護サービスの対価 ・特定保健指導の指導料

また、Q&A形式でややこしいと思われる点について解説します。

Q 領収書をなくしてしまいました。会社の健康保険組合から送られてくる「医療費のお知らせ」というものをかわりにしてはダメですか？

A 医療費控除を受ける場合、「その領収を証する書類を確定申告書に添付するか、税務署で提示する」という条件があります。「医療費のお知らせ」には、支払年月日等が記載されていないため「その領収を証する書類」に該当しないので、「医療費のお知らせ」を領収書がわりにして医療費控除を受けることはできません。

Q ドラッグストアで医薬品などを買った出費も、医療費控除の対象となりますか？

A ドラッグストアで購入しても、風邪薬や頭痛薬といった医薬品であれば医療費控除の対象となります。購入した商品の内容、支払年月日、支払った金額が記載されているレシートを残しておきましょう。

Q 別居している親の入院費を負担したのですが、医療費控除の対象になりますか？

Ⓐ その親に対してあなたが毎月の仕送りをしているとか、生活の面倒をみているのであれば、医療費控除の条件である「生計一の親族」ということになり、負担した入院費を医療費控除とすることができます。なお、「生計を一にしている」の判定は、その医療費を支払ったときの状態で判定します。入院費の負担をしたときに同居していたのであれば、その後の状況が変わっても医療費控除の対象となります。

第5節

誰から引くのが得なのか?

医療費控除で所得から引けるのは医療費から、10万円あるいは、年間所得金額の5%のどちらか少ないほうを引いた残りの金額です。たとえば、家族の年間医療費が8万円で、夫の所得が400万円、妻の所得が120万円だった場合、夫が申告するとなると「400万円×5%=20万円」で、10万円以上の医療費が対象となるので、医療費控除はできませんが妻が申告するとなると「120万円×5%=6万円」となり、医療費控除として2万円を所得から引くことができます(年間医療費8万円−6万円)。

また、年間医療費が20万円あり、夫の所得税率が33%で、妻の所得税率が10%だった場合、妻が医療費控除をすると1万円の所得税が少なくなるだけですが、夫から医療費控除を行うと3万3千円の所得税が少なくなります。

このように、誰から医療費控除を行うかで、家族の税金納付額が変わります。

よく「得なほうから引きましょう」という説明を見かけますが、医療費控除として引けるのは「自分が支払った」医療費です。現金支払いの場合は、現金に名前は書いていませんから、誰が支払ったと特定しにくいですが、銀行口座からの振込みやクレジットカードでの支払いの場合は、「誰が支払ったか」が特定されます。自分が支払っていないものも一緒にして医療費控除をしてしまうと、脱税行為となるのでご注意ください。

第6節

入院給付金に税金はかからない（医療費控除における取扱い）

病気やケガ、不慮の事故などで入院した場合に、加入している生命保険から受け取れるのが「入院給付金」です。こういったものは、自分で請求手続きをしなければならないので、加入している人は、請求手続きを行いましょう。

入院給付金は、金額に関わらず非課税です。

このほか手術給付金、通院給付金、障害給付金、介護保険金、高度障害保険金などケガや病気で受け取る給付金などは非課税です。

非課税なので確定申告等での申告は不要ですが、医療費控除を受ける場合は、負担した医療費から差し引きます。

差し引く場合、年間を通してかかった医療費全体から差し引くのではなく、その該当する医療費から差し引くだけでよいのです。

たとえば、Aという病気のため入院費が20万円、医療費で10万円かかり、年間の医療費が10万円を超えたので医療費控除を検討したとします。Aという病気に対して生命保険会社から入院給付金として30万円が支払われたというような場合、「年間医療費の合計30万円から入院給付金30万円を引いてゼロになり、医療費控除を受けられない」とはなりません。「(入院費20万円－入院給付金30万円)＝0＋10万円」という計算になり、病気以外の医療費10万円が医療費控除の対象となります。

第7節

医療費控除の確定申告書の書き方

ここではお勤めをしている人が、年末調整後に医療費控除を受けるために作成する確定申告書の書き方について説明します。

用意するものは、以下のとおりです。

・勤め先から発行された源泉徴収票

・1年間（1月〜12月）に支払った医療費のレシートや領収書
・確定申告書A（国税局ホームページからダウンロードできます）
そして、源泉徴収票の一番左の「種別」と書かれている欄が「給与」や「給与・賞与」と書かれているかどうかをご確認ください（「報酬」などと書かれている場合は、また別の書きかたになります。詳しくは、税務署などで確認してみてください）。

次に、源泉徴収票の「源泉徴収税額」という欄に数字が入っているかを確認してください。

ここに数字が入っていない人は、確定申告しても還付金はありません。引かれている所得税がないため、戻ってくる（還付される）税金もないということだからです。

よく勘違いされているようですが、医療費控除による還付金とは、「医療費がかかれば国からお金をもらえる」というものではありません。あくまでも「税金の計算のやり直し」であり、すでに給料から天引きされていた所得税が、税金計算のし直しで返ってくるにすぎません。よって、納めた税金がなければ、戻ってくる税金もないのです（年末調整を済ませている場合で、ほかに所得がない場合に限りますが）。

そのため、**まずはこの「源泉徴収税額」の部分を確認してください！**医療費の合計などを時間をかけて出したものの、後から、「結局、意味なかった…」とならないように。

ただし、所得税と住民税では所得控除が異なるため「所得税では税金ゼロだけど、住民税はかかる」ということもあり、源泉徴収税額に金額が入っていなくても医療費控除の確定申告をしたほうがよい場合もあります。

次に、医療費のレシートや領収書の合計を病院ごとに分けて出していきます。生命保険の入院給付金など医療費から引くべき補てん金などがある場合は、病名ごとに分けるとよいでしょう。

医療費の合計額を出しながら、インフルエンザなどの予防接種代が混ざっていないか（医療費控除に該当しません）、その年の支払いかなどもチェックしましょう。

紙やパソコンにそれぞれの小計を記入し、最後に医療費控除の対象となる金額を出します。そして、いよいよ確定申告書を作っていきます（具体的には、巻末を参照してください）。

第8節

休職中も税金・保険料がかかる

ケガや病気で休職する場合は、無給としている会社が多いようです。その場合の税金や健康保険などは、どうなるのでしょう？

まず、税金は給料が出ていないのでかかりません。そして、雇用保険料も、無給の場合はかかりません。雇用保険料が引かれていないからといって、雇用保険には加入し続けているのでご安心を。一方、社会保険は、無給であっても保険料の負担が発生します。保険料の負担金額も休職前と同じ金額になります。ただし、給料から保険料の天引きができないために、本人が会社に振り込むなどの手間があるので注意してください。

第9節 病気やケガのときにもらえるお金

病気やケガなどで、働くことができない期間ができてしまうと、その間は無収入となり生活に困ります。そんなときにもらえるお金を確認しておきましょう。

まず、仕事の最中や通勤途上での病気やケガは、労働災害補償保険（労災）の給付対象となります。労災は雇用保険とは違い、勤め先が保険料を全額負担します。そして対象者は、正社員、アルバイトやパートといった雇用形態に関わらず、給料を支払われている人のすべてとなっています。

また、労災の対象とはならない病気やケガなどでの休業は、社会保険に加入している場合は社会健康保険から「傷病手当金」というものが支給されます。

傷病手当金は、1日につき標準報酬日額（第1章第2節参照）の3分の2に相当する金額が支給され、支給を開始した日から最長1年6か月間の受給が可能です。なお、出産手当金と同時に両方受給はできません（出産手当金優先）。

加えて、医療費の負担を助ける制度として「高額医療制度」というものがあります。高額医療費とは、1か月の間（1日から月末まで）にかかった医療費の支払いが高額になった場合、一定の金額を超えた分が、あとで戻ってくる制度です。つまり、「1か月のうちに、○○円以上、医療費を支払ったら戻ってくる」というものなのですが、この「○○円」は年齢および所得状況などにより設定されています。

70歳未満の場合、以下のとおりです。

この制度は、社会健康保険、国民健康保険どちらに加入していても利用できます。それぞれの健康保険組合にて自分で手続きします。

一般（下記のどちらでもない人）	80,100円＋（医療費－267,000円）×1％
上位所得者（標準報酬月額53万円以上の人）	150万円＋（医療費－50万円）×1％
住民税非課税者（住民税がかかってない人）	35,400円

第7章

介護負担を軽くするには、自ら動くこと

第1節

利用できる休業・休暇の仕組み

働きながらの親の介護は、本当に大変で、介護のためにやむなく退職される人もいます。「介護休業制度」は、そんな人の役に立つものです。

「介護休業」とは、要介護状態にある家族を介護するために、合計93日を上限として一定期間休業することができる制度です。休業中は給料を支払わない会社が多いですが、原則、雇用保険に1年以上加入し続けている場合は毎月の給与金額には達しませんが、介護休業給付金がもらえます。

また、休業期間中も社会保険の資格は継続します。育児休業の場合と異なり、介護休業については社会保険料の免除はありません。

介護休業給付金を受け取るためには、介護休業給付金支給申請書を、休業終了後、終了日の翌日から2か月を経過する日の月の月末までに行う必要があります。忘れずに勤め先に提出するようにしてください。

「休業するほどでも…」「長期の休みは、自分も周囲もかえって大変」といった場合は、「介護休暇」というものもあります。

介護休暇は、要介護状態の家族の日常的な介護のために、有給や欠勤などで対応している人が多いことから、介護のための短期の休暇制度として導入されました。つまり、1日単位で休暇をとることが可能です。

要介護状態の家族の介護、通院のつきそい、介護サービスの提供を受けるために必要な手続きの代行、その他の必要な世話を行うために、年5日を限度として、休暇を取得することができます。なお、勤め先は、介護休暇の申出を拒むことはできません。

第2節
介護における医療費控除の対象となるもの

ご家族が介護状態にある場合、かかった医療費による医療費控除が可能です（第6章参照）。自分が支払ったときは領収書を保存しておくようにしましょう。

医療費控除の対象となる支払いは、大抵の場合、領収書に「医療費控除該当金額」というように記載されているので、その対象金額の合計を医療費控除とすれば大丈夫です。

医療費控除適用の有無だけを考えれば、お世話になるヘルパーステーションが、生活援助しか行っていないのか、医療系サービスも行っているのかも、介護サービスを受けるうえで確認するべきことかもしれません。

また、医療費控除の対象となるよう、うまく医療系サービスと組み合わせて、介護サービスを受けるとよいでしょう。介護費の負担は、期間が長くなるとかなりのものとなります。せめて税金が低くなるようしっかり考えてみましょう。

介護に関して医療費控除対象になるもの	・介護予防訪問看護 ・訪問リハビリテーション ・介護予防訪問リハビリテーション ・居宅療養管理指導 （医師等による管理・指導） ・介護予防居宅療養管理指導 ・通所リハビリテーション （医療機関でのデイサービス） ・介護予防通所リハビリテーション ・短期入所療養介護 （ショートステイ） ・介護予防短期入所療養介護 ・大人用のおむつ（要証明書） ・在宅療養時に受けた療養上の世話に関する出費（要証明書、看護師などに限らない）
「居宅サービス計画」や「介護予防サービス」などに基づいて医療系サービスと併せて利用する場合のみ、医療費控除の対象となるもの（生活援助中心型を除く）	・介護福祉士等により行われる入浴、排せつ、食事等の介護、調理、洗濯、掃除等の家事といったホームヘルプサービス ・夜間対応型訪問介護 ・訪問入浴介護 ・デイサービスや短期入所生活介護 （ショートステイ）
医療費控除の対象外となるもの	・訪問介護（生活援助中心型） ・認知症対応型共同生活介護 （認知症高齢者グループホーム） ・介護予防認知症対応型共同生活介護 ・特定施設入居者生活介護 （有料老人ホーム等） ・地域密着型特定施設入居者生活介護 ・介護予防特定施設入居者生活介護 ・福祉用具貸与 ・介護予防福祉用具貸与 ・複合型サービス （生活援助中心型の訪問介護の部分）

第3節

介護度によっては障害者控除の対象に

自分自身、または扶養家族に障がいがある場合は、「障害者控除」というものを受けることができ、所得税や住民税が下がります。

控除できる金額は、「障害者」1人につき27万円、「特別障害者」（障がいの程度が1級

10
Column

意外とお金がかかるのが、大人用のおむつです。医療費控除を受けるには「おむつ使用証明書」というものを、毎年の確定申告書に添付するか、提示しなければなりません。おむつ使用証明書とは、寝たきり状態にあることおよび治療上おむつの使用が必要であることについて、医師が発行したものです。

趣味で大人用おむつをはく人もそういないでしょうから、こんな証明書がなくても、医療費控除の対象にすればよいのに…と個人的には思っていますが。

その他、在宅療養の場合に、看護師や保健師以外の者に依頼して療養上の世話を受けるために支出した費用も医療費控除の対象となります。たとえば、在宅療養の寝たきり老人の療養上の世話を家政婦に依頼した場合の対価は、医療費控除の対象となるのです。医療費控除を行う際には、世話をするホームヘルパーなどを派遣する市町村などの在宅介護サービス事業所が、患者名、傷病名、介護内容、介護費用等を記載して交付した証明書を要求されることがあります。

または2級）に該当する場合は40万円です。所得からこれらの金額を引くことができます。

この控除は「自分自身に障がいがある場合の話でしょ」とか、「障害者手帳がないと対象外だよね」などと思われているようで、適用もれがよく見受けられるケースなので、よくご確認ください。

こういった家族のプライベートな情報は、自ら確認して伝えないと勤め先も国も、勝手に考慮して税金の計算はしてくれません！

「障害者」に該当するのか、「特別障害者」に該当するのかの判定は、主に障害者手帳などの等級によりますが、その年の12月31日の現況で、引き続き6か月以上にわたって身体の障がいにより寝たきりの状態で、複雑な介護を必要とする人も、特別障害者となります。障害者手帳などを持っていなくても、要介護度4や5の人は、「特別障害者」として控除を受けることができるのです。

なお、同居している扶養家族だけではなく、別居している扶養家族でも、この障害者控除や特別障害者控除の適用を受けることができます。

たとえば「同居はしていないが、要介護の親の介護費用の負担や生活費の負担などをしていて、その親が所得38万円以下」という場合は、扶養している人の年末調整あるいは所得税の確定申告にて、扶養控除と特別障害者控除を受けることができます（障害者控除は扶養控除や医療費控除と併用できます）。

「障害者」あるいは「特別障害者」に該当する扶養家族と同居している場合は、控除額がさらに増えます。

まれにあるケースとしては、「住まいは別だったが、親の介護度が進むにつれ、介護をしている子が親の家に泊まりこむようになり、実際には同居状態であるが、住民票はまだ移していない」ということがあります。同居かどうかの判定は、住民票の所在ではなく、実態によることになりますが、のちの相続にも関わってくる話になるので、実際に同居しているのであれば、住民票は実態にあわせて移したほうがよいと思います（ケースバイケースなので、税理士にご相談ください）。

また、親の所得が38万円以上あって、扶養家族に該当しない場合でも、障害者控除や特別障害者控除は受けることができます。確認してあげてください。

第4節

家をバリアフリーにすると税金が下がる

「介護が必要な親を引き取る」、または「一緒に住んでいる親のためにバリアフリーにする」など、介護を目的とした自宅の改装を行う場合があります。また親と同居するために、新しく自宅を購入し、その家をバリアフリーにする場合もあるでしょう。そのような場合に、税金が下がる制度があります。

家の改装や新築は、とにかくお金がかかります。しっかり理解し、税負担を軽くしましょう。具体的には、「住宅特定改修特別税額控除（バリアフリー税制）」といい、介護に適した住宅の改修に対する税負担を軽減するという制度です。これを受けることができるのは、以下の場合です。

❶ 申告者（この控除を受ける人）が50歳以上の人

❷ 申告者（この控除を受ける人）が介護保険法に規定する要介護または要支援の認定を受けている

❸ 申告者（この控除を受ける人）が所得税法上の障害者の人

❹ 申告者（この控除を受ける人）が65歳以上の親族あるいは右記の❷や❸に該当する親族と一緒に住んでいる人

また、工事費用が30万円を超

【バリアフリー税制を利用可能な工事の内容】

- 室内を車椅子で移動できるよう廊下や入り口を改修
- 従来の階段を勾配をゆるやかにしたりスロープにしたりする工事
- 介護を行うために浴室の床面積を広げたり、浴槽を高さの低いものに変えたり、踏み台などを設置するなど、介護用へのお風呂のリフォーム
- 車椅子が入るようトイレの拡張や和式トイレから洋式トイレへのとりかえ
- 浴室、トイレ、脱衣所、部屋、廊下、玄関に手すりを取りつける工事
- 浴室、トイレ、脱衣所、廊下、玄関、室内の床の材料をすべりにくいものにとりかえる工事や床の段差をなくす工事
- 出入りに使うドアが開戸である場合、引戸、折戸に取り替える工事
- 開戸のドアノブをレバーハンドルなどに取りかえる工事
- ドアにローラーなど開閉を容易にする器具を設置する工事

えていて、前ページのような自宅改修工事であることが条件です。

平成21年4月1日から平成29年12月31日までの間の期間限定の制度です。

この制度は、工事をローンで行っていなくても利用できます。また、これまでに挙げてきた医療費控除や扶養控除のような「所得控除」ではなく「税額控除」というものなので、該当すれば、かなり所得税の額が下がる可能性があります。

なお、たとえば新築住宅でこの控除を受ける場合は、住み始める年がいつなのかや、その前年度または前々年度に譲渡の特例などを受けているとこの控除を受けられない場合があるなど、適用期間や計算が複雑なので詳細は税理士にご確認くださいね。

第5節

介護のときから相続トラブルに備える

「相続」が「争族」になると、よくいいます。これは何も「財産」をめぐってということだけではなく、最近は「介護」をめぐって起こっています。

というのも親の生前に介護が必要だった場合、相続開始後（つまり、介護されていた親が亡くなってから）子どもである兄弟姉妹の間で、もめたり、わだかまりが残ったりするケースが見受けられるのです。「まさか血のつながった兄弟姉妹で…」と思われるかもしれませんが、これは本当によくあることです。

法律上では、原則的に「介護を行った子ども」と「介護を全く行わなかった子ども」は同じように相続権を持ち、そこに区別はありません。

しかし、介護の苦労は、実際に行った者にしかわからないというところもあり、介護負担割合と相続分が一致しない場合には、感情のしこりが残りやすいのです。そして、実際の介護の負担は、子どものうちでも女性、相続権のない嫁にかかりがちです…。

親の介護度が進んでいけば、金銭的な負担、手続き事務の負担、時間的な負担もどんどん増えていきます。相続が始まる前に（亡くなる前に）、当事者である親を含めた兄弟姉妹で相続について、しっかりと話しあっておくほうがよいでしょう。

第6節

介護でたてかえたお金は早めに精算する（相続税務調査）

介護となると、医療費はもちろん、紙おむつのような日用品などの支出が増えます。また、買い物の代行や食事を作る費用、それらを届けるための交通費など、介護をしている側の出費やたてかえが多くあります。

親がこうした費用を負担することになっているのであれば、早めにたてかえ状態を解消しておくことをおすすめします。正直、介護をしている状態のときは、たてかえの精算をする時間の余裕さえもない感じです。しかし、「親が支払うといってくれているし、あとで遺産から精算したらよいわ」なんて思っていると、相続トラブルの元です。

というのも、相続は亡くなった日の時点でその人が残した遺産に相続税がかかる対象となります。たとえば、銀行預金として残されていた200万円を、「そのうちの100万円は、買い物代をたてかえていた私がもらうべきものだから、皆で分ける遺産の額には含まれないよ」などという主張が通るかといえば、かなり難しいのです。

また、相続税の税務調査の際には、亡くなった人の銀行取引の過去3年分の移動明細は確認されます。その際に多額の引き出しが頻繁にあると、「遺産隠し」を疑われることもあります。その支払いを何に使ったかがわかるように、介護費用の領収書などを残しておく、介護の状況を日記につけておくなどをしておくことをおすすめします。

第8章 家を買うのに必要なお金

第1節

賃貸か購入か

「このまま家賃を払い続けるか」、「いっそのことローンで買ってしまうか」。どっちが得なんだろうという悩みは多くの人が持っていることでしょう。

ずっと以前に友人に依頼されて、一生の支払金額はどちらが多くなるかシュミレーションしたことがあります（どれくらいの物件を買うか、ローンを何歳で組むかにもよりますが）。家賃月額7万円くらいの賃貸と、2千万円までの物件購入であれば、ローンの利子を加えてもなお購入したほうが支払総額が少なくなると思います。

しかし、支払総額だけではなく、賃貸と購入にはそれぞれメリットとデメリットがあります。

ご自身の現況や考え方に応じて、選択されるとよいと思います。

【賃貸と購入のメリット・デメリット】

	賃　貸		購入（分譲）
メリット	その時々の生活に合わせた住居が選べる（⇔生活基盤が安定しない） ローンを背負わなくてすむ 大きな災害等が起こった場合住居を移すのが容易 状況の変化や転勤等に対応しやすい	メリット	資産取得、社会的信用、老後の安心が得られる 生活スタイルが安定し、人生計画が立てやすくなる 自分の思うような部屋作り、リフォームができる 住宅ローン完済後は負担が少ない 賃貸をすることにより収益物件ともなる
デメリット	隣人等が安定しない（コミュニティが弱い） セキュリティが甘い 分譲物件に比べしっかり建っていない（音の問題など） 家賃は払い続けなければならず、老後の負担が大きい 基本的にリフォームが不可で、室内に不満がある場合、引越ししか選択肢がない	デメリット	固定資産税などの税負担がある ライフスタイルに大きな変化があったときに対応しにくい 住宅ローンや自己資金が必要となる

第2節

住宅ローンはいくら借りられるのか

住宅を購入するにあたり、考えなければいけないのが住宅ローンです。よほどの資産を持っていなければ、避けて通れません。

「自分がどれくらい借りることができるのか?」は、物件の値段や、年収、年齢、勤め先などが考慮され決定します。金融機関で審査が通らなければ、お金は貸してもらえません。

金融機関は「この人なら、これだけのお金は絶対に利息をつけて返してもらえる」と判断した場合にのみ「借りてください攻撃」をするわけです(苦笑)。

そして、返してもらえる信頼があればあるほど、たくさん貸してもらえます。

たとえば、2千万円の物件を買うのに、「全額ローンをお願いします」という人よりも「1千万円は貯金がありますので、残りの1千万円を貸してください」という人のほうがローンが通りやすいのです。

「1千万円の貯金ができた人」と判断されるということもありますが、その他にも、「もしもこの人がローンを返せなくなった場合、その2千万円の物件を売ればある程度のお金にはなるのでローン残高は回収できる」と金融機関は考えるからです。

全額ローンの場合は、回収できずに物件を売った金額よりもローン残高のほうが多い可能性もでてきます。そうなると、金融機関にとっては「不良債権」となってしまいます。

金融機関によって審査基準はそれぞれですが、「自分がどのくらい借りることができるのか」を知るざっくりとした方法は、「年間の返済額が年収の30～40パーセント」（借入総額はおおむね年収の3倍程度）です。これが一つの目安かと思います。

もちろん、頭金がどれくらい用意できるのか、何年で返すのか、借りる人の勤務年数などによっても、借りることのできる金額は変動します。

第3節

住宅ローンはいつ、どの長さで組むべきか

住宅ローンを借りる際に、固定金利と変動金利、元利均等と元本均等という返済方法など、選択しなければいけないものがいくつかあります。

まず、住宅ローンの借入年数は、最大35年です。35年以内に、利子を含めて金額返済しなくてはいけません。

つまり、定年や寿命を考えれば、ローンを組む年齢が上がるとともに、返済年数を短くしていかざるをえないのです。そして、返済年数が短くなると、毎年の返済額が増え

るので、借りることのできる金額は少なくなっていきます。なので、住宅購入の決断は、ローンを組む年齢も考えてする必要があります。

個人的には、女性の場合、45歳くらいまでに決断すればよいのかな…と思います。その年齢であれば、ある程度の状況（年収の見込みや既婚か未婚かなど）は固まってきているでしょうし、借入年数を20年くらいに考えれば、65歳にはローンを完済できます。45歳までに頭金をコツコツためておけば、全額ローンはしなくて済むので、ムリのない返済計画になると思います。

よく、「何が起こるかわからないし、ムリしたくない」「毎月、返せるかどうか不安で…」と、30年とか35年といった長めの返済年数でローンを組む人がいますが、ムダに返済年数を長くしないのがポイントです！

「返せたら繰上げ返済すればよい」と思うかもしれませんが、返済年数が長いと、住宅ローンを借りる費用である「保証料」の金額が高くなってしまいます。

女性の場合は手堅いそうで、最初は長い年数でローンを組んでいても、繰上げ返済により平均完済年数は約17年だそうです。

また、住宅ローンは借りるときに「団体生命保険」に加入することになっています。これは、万が一、ローンを借りている人が亡くなってしまった場合、ローン残高が保険金で相殺される（チャラになる）ようにするためです。したがって、この団体生命保険に加入できなければ、住宅ローンがおりません。

女性は、乳がんや子宮がんなど婦人科系の病気を経験することが多く、その場合には団体生命保険に加入できないことがあります。高収入で充分にローン審査に通るけれど、団体生命保険に加入できないばかりに住宅ローンが通らないという人もいるので、こうしたことも頭に入れつつ、住宅購入の時期を考えるとよいでしょう。

次に、返済方法ですが、「元利均等返済《がんりきんとう》」と「元本均等返済《がんぽんきんとう》」という方法があります。

住宅ローンを借りると、毎月決まった日に、借りた金額の一部と利息を支払っていきます。「元利均等」とは、この借りた金額の一部（元本部分の金額）と利息をあわせて、毎月同じ金額を支払っていくという方法です。

「元本と利息をあわせて、毎月5万円ずつ支払います」というイメージです。毎月の支払金額が一定なので、支払管理はしやすく返済計画が立てやすいです。

最初のうちは、支払金額の内訳が、元本より利息のほうが多くなります（たとえば元本返済2万円と利息3万円というように）。

対して、「元本均等」とは、毎月同じ額の元本と利息を支払っていく方法です。

「毎月4万円の元本と利息を支払います」というイメージです。このように支払うと毎月の支払額は利息に応じて変動します。変動金利を選択していて、金利が大きく上がった場合には、毎月の支払金額が予想より増えることもでてきます。

ただし毎月、確実に元本を返済していくので、「元利均等返済」よりも、完済時の総支払額が少なくてすみます。

第4節

親や祖父母から住宅購入資金をもらう

1年間（1月〜12月）のうちに110万円超をもらうと、贈与税という税金がかかります。しかし、平成24年1月1日から平成26年12月31日までの間に、父母や祖父母から自分の住宅を買う資金をもらっても、ある一定額なら、税金がかからないという特例がります。主な条件は、次ページのとおりです。

平成26年は、省エネ住宅（省エネルギー対策等級4、免震建築物などの住宅）取得の場合は1千万円まで、それ以外の住宅取得の場合は500万円までが税金がかからない贈与金額です。

平成26年で終了予定の特例ですが、平成27年3月15日までに取得した家が適用可能です（平成27年3月15日までに必ず取得・引渡しであること。未完成、申込のみではダメです）。

なお、この特例は、お金をくれる人ごとに設定されているわけではなく、お金をもらう人ベースで考えなければなりません。たとえば「おじいちゃんから500万円、お父さんから500万円もらう」となると、非課税となるのはどちらか一方で、もう一方には贈与税がかかります。

なお、いま現在、「すでに住んでいる住宅のローンを返済するために親からお金をもらい、この特例を受けたい」という人がいますが、この特例は家屋の新築や取得または増改築などに支払うお金に限られているので、住宅ローンを返済するためのお金をもらった場合には対象とならないのでご注意ください。

- もらったお金を、自分の住む家を建てたり、購入したり、増改築するためにすべて使うこと
- お金をもらった年の翌年3月15日までに全額を使って取得し、その家にすぐに住むこと
- お金をくれる人は、血のつながった父母や祖父母であること（義父母などからはダメです）
- お金をもらう人はもらう年の1月1日において20歳以上で、所得金額が2千万円以下であること
- もらったお金で取得した家は、その家の登記簿上の床面積（区分所有の場合には、その区分所有する部分の床面積）が50㎡以上240㎡以下であること
- お金をもらった年の翌年2月1日から3月15日までの間に、この特例の適用を受ける旨を記載した贈与税の申告書を税務署に提出すること

第5節

住宅ローンを組むと税金が下がる

住宅ローンを組んで、マイホームを購入した場合、所得税が少なくなるという制度があります。「住宅ローン控除」などといわれていますが、正式には「住宅借入金等特別控除」といいます。

これは、銀行などで住宅ローンを組んで自宅を購入した場合（一戸建てでもマンションでもＯＫ）、12月末のローン残高に１％をかけた金額を所得税額から引ける（＝その金額分所得税が安くなる）という制度です。

たとえば、平成26年12月末現在の住宅ローンの残高が、２千万円だった場合、20万円（２千万円×１％）を所得税からさらに引けるのです。これは10年間受け続けることができます。

この制度は計算された所得税から引ける「税額控除」なので、かなりの節税効果があります。

ただし、消費税率の引上げ後の８％または10％の税率での

平成25年１月１日から平成26年３月31日までに入居	年末残高等×１％ 控除限度額20万円
平成26年４月１日から平成29年12月31日までに入居	１～10年目年末残高等×１％ 控除限度額40万円

物件購入の場合です。

なお、控除限度額がさらに増える、「長期優良住宅」にするという選択肢もあります。長期優良住宅の認定基準の詳細は住宅メーカーや税理士に確認してみましょう。

昭和→3
平成→4

確認

みとめ印でOK

「平成25年分以降用」と書かれているか確認（昔の様式でないかの確認。復興特別所得税の関連で平成25年から申告書の様式が変わっているため）

還付金を振り込んでもらう口座
申告した人の名義

税務署長
年　月　日

平成□□年分の所得税及び復興特別所得税の確定申告書A

FA0019

第一表（平成二十五年分以降用）

住所（又は居所）	〒
平成　年 1月1日の住所	
フリガナ	
氏名	印
性別 男 女	世帯主の氏名 / 世帯主との続柄
生年月日	電話番号 自宅・勤務先・携帯
番号	翌年以降送付不要

（単位は円）

区分	項目	番号	金額
収入金額等	給与	㋐	2908000
	雑 公的年金等	㋑	
	雑 その他	㋒	
	配当	㋓	
	一時	㋔	
所得金額	給与 区分	①	1855600
	雑	②	
	配当	③	
	一時	④	
	合計（①＋②＋③＋④）	⑤	1855600
所得から差し引かれる金額	社会保険料控除	⑥	404640
	小規模企業共済等掛金控除	⑦	
	生命保険料控除	⑧	58500
	地震保険料控除	⑨	0
	寡婦、寡夫控除	⑩	0000
	勤労学生、障害者控除	⑪	0000
	配偶者(特別)控除 区分	⑫～⑬	0000
	扶養控除	⑭	0000
	基礎控除	⑮	380000
	⑥から⑮までの計	⑯	843140
	雑損控除	⑰	
	医療費控除	⑱	83470
	寄附金控除 区分	⑲	
	合計（⑯＋⑰＋⑱＋⑲）	⑳	926610

区分	項目	番号	金額
税金の計算	課税される所得金額（⑤－⑳）	㉑	928000
	上の㉑に対する税額	㉒	46400
	配当控除	㉓	
	（特定増改築等）住宅借入金等特別控除 区分	㉔	
	政党等寄附金等特別控除 区分	㉕～㉘	
	住宅耐震改修特別控除 住宅特定改修・認定長期優良住宅新築等特別税額控除 区分	㉙～㉛	
	差引所得税額（㉒－㉓－㉔－㉕－㉖－㉗－㉘－㉙－㉚－㉛）	㉜	46400
	災害減免額	㉝	
	再差引所得税額（基準所得税額）（㉜－㉝）	㉞	46400
	復興特別所得税額（㉞×2.1%）	㉟	974
	所得税及び復興特別所得税の額（㉞＋㉟）	㊱	47374
	外国税額控除 区分	㊲	
	所得税及び復興特別所得税の源泉徴収税額	㊳	51600
	所得税及び復興特別所得税の申告納税額（㊱－㊲－㊳） 納める税金	㊴	00
	還付される税金	㊵	△4226
その他	配偶者の合計所得金額	㊶	
	雑所得・一時所得等の所得税及び復興特別所得税の源泉徴収税額の合計額	㊷	
	未納付の所得税及び復興特別所得税の源泉徴収税額	㊸	
延納の届出	申告期限までに納付する金額	㊹	00
	延納届出額	㊺	000

還付される税金の受取場所：銀行・金庫・組合・農協・漁協　本店・支店・出張所・本所・支所
郵便局名等　預金種類 普通・当座・納税準備・貯蓄
口座番号・記号番号

（税理士署名押印・電話番号　印）

税理士法第30条の書面提出有　税理士法第33条の2の書面提出有

整理欄：区分 A B C D E F G H I J K／異動 年 月 日 L／管理／通信日付印 年 月 日／納管 事績 住民 検算 一連番号

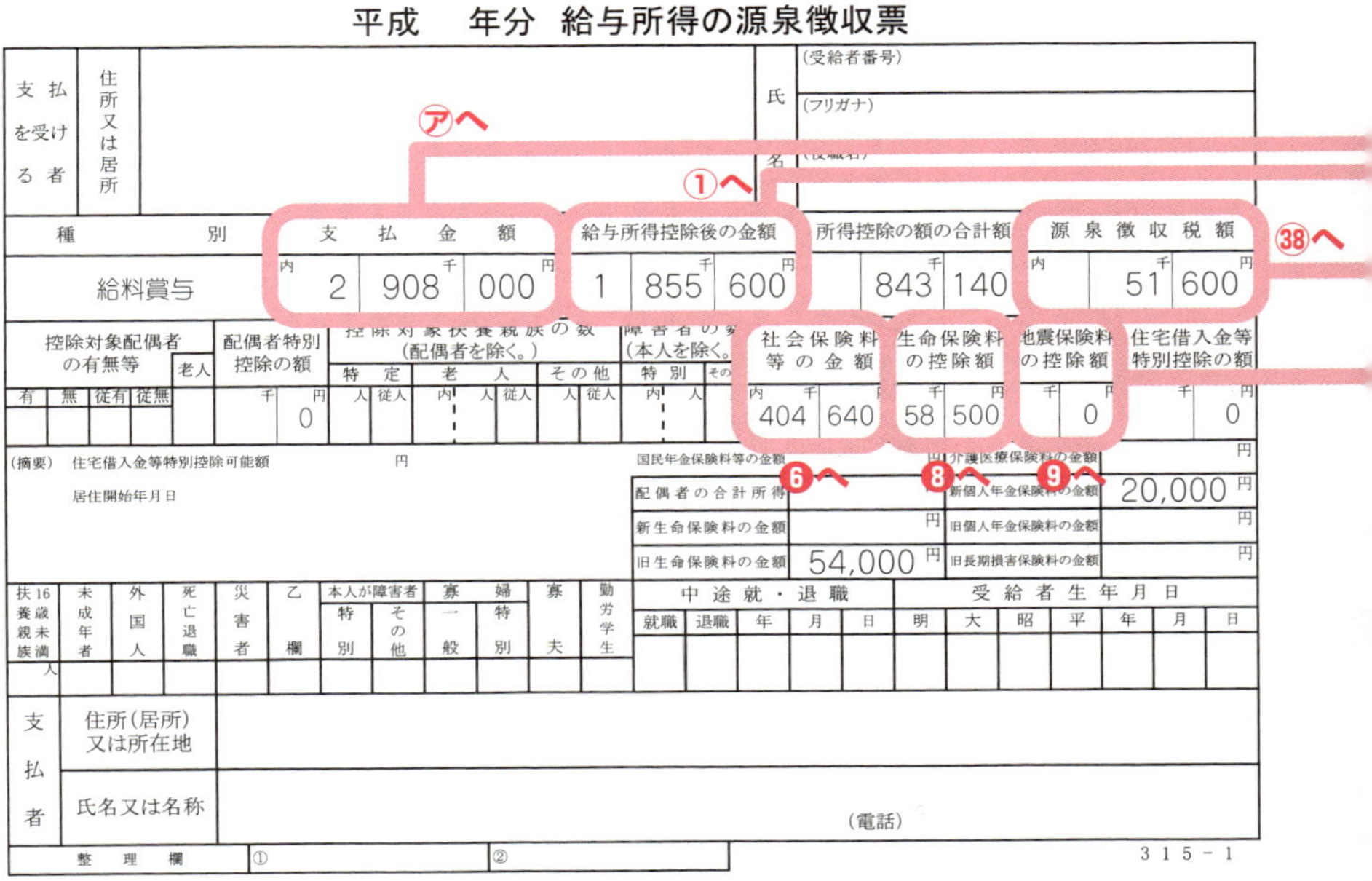
平成　年分　給与所得の源泉徴収票

種別	支払金額	給与所得控除後の金額	所得控除の額の合計額	源泉徴収税額
給料賞与	内 2,908千000円	1,855千600円	843千140	内 51千600円

控除対象配偶者の有無等	配偶者特別控除の額	控除対象扶養親族の数（配偶者を除く。）	障害者の数（本人を除く。）	社会保険料等の金額	生命保険料の控除額	地震保険料の控除額	住宅借入金等特別控除の額
	0			内 404千640	58千500円	0	0

（摘要）住宅借入金等特別控除可能額　円
居住開始年月日

国民年金保険料等の金額	
配偶者の合計所得	
新生命保険料の金額	
旧生命保険料の金額	54,000円
介護医療保険料の金額	
新個人年金保険料の金額	20,000円
旧個人年金保険料の金額	
旧長期損害保険料の金額	

支払者　住所（居所）又は所在地　氏名又は名称　（電話）
整理欄　①　②
315－1

確定申告書の基本的な記入方法

源泉徴収票の数字をどのように確定申告書へ記入していくのかを、見本として掲載します。どの欄の数字を、どこへ記入するか参考にしていただき、実際の確定申告書記入にチャレンジしてみましょう。ただし、各種控除や家族形態などによって大きく異なるので、詳しくは最寄りの税務署や税理士にご相談ください。

1 源泉徴収票から申告書に書きうつします。

源泉徴収票	確定申告書
「支払金額」の欄に書かれている数字	左列緑色の欄「収入金額等」のア（給与）に記入
「給与所得控除後の金額」に書かれている数字	左列青色の欄「所得金額」の①（給与）に記入。⑤（合計）にも同様に記入
「源泉徴収税額」に書かれている数字	右列紫色の欄「税金の計算」の㊳（所得税及び復興特別所得税の源泉徴収税額）に記入
「社会保険料等の金額」に書かれている数字	左列赤色の欄「所得から差し引かれる金額」の⑥（社会保険料控除）に記入
「生命保険料の控除額」に書かれている数字	左列赤色の欄「所得から差し引かれる金額」の⑧（生命保険料控除）に記入。※源泉徴収票に数字がない場合は何も書かなくてよい
「地震保険料の控除額」に書かれている数字	左列赤色の欄「所得から差し引かれる金額」の⑨（地震保険料控除）に記入 ※源泉徴収票に数字がない場合は何も書かなくてよい

2 申告書を書き進めます。

働いていない、あるいは年間の給与所得が103万円以下の配偶者がいる場合	左列赤色の欄「所得から差し引かれる金額」の⑫～⑬（配偶者（特別）控除）に380,000と記入
配偶者の年間給与所得が103万円を超える場合	左列赤色の欄「所得から差し引かれる金額」の⑫～⑬（配偶者（特別）控除）に配偶者特別控除額を記入
源泉徴収票の配偶者特別控除の額に数字が入っている場合 ※配偶者が控除範囲を超えている場合や配偶者がいない場合は記載されない	左列赤色の欄「所得から差し引かれる金額」の⑫～⑬（配偶者（特別）控除）にその数字を記入
16歳以上で所得が38万円以下の子や、親などの扶養家族がいる場合	左列赤色の欄「所得から差し引かれる金額」の⑭（扶養控除）にその数字を記入 ※源泉徴収表の「控除対象扶養親族の数」のところに数字の記載が入っていれば、扶養家族がいるという前提で税金の計算がなされている

- 左列赤色の欄「所得から差し引かれる金額」の⑮（基礎控除）に380,000と記入
- 左列赤色の欄「所得から差し引かれる金額」の⑥から⑮に入っている数字の合計を出して、⑯の欄に記入
- 左列赤色の欄「所得から差し引かれる金額」の⑱（医療費控除）に以下のいずれかを記入
  左列青色の欄「所得金額」⑤（合計）に記入した金額に5%をかけた金額が
  - ・10万円より少ない場合はその金額（⑤×5%）を医療費の領収書の総合計から引いた金額
  - ・10万円を超える場合は10万円を医療費の領収書の総合計から引いた金額
- 左列赤色の欄「所得から差し引かれる金額」の⑯（⑥から⑮までの計）に上記⑱（医療費控除）を足した金額を⑳（合計）に記入
- 左列青色の欄「所得金額」の⑤（合計）から左列赤色の欄「所得から差し引かれる金額」の⑳（合計）を引いて、右列紫色の欄「税金の計算」の㉑（課税される所得金額）を記入（1,000円以下は切捨て）
- 右列紫色の欄「税金の計算」の㉑（課税される所得金額）に書いた金額を右記の表にあてはめ所得税の計算を行う
- 計算して出た数字を右列紫色の欄「税金の計算」の㉒（上の㉑に対する税額）に記入。住宅ローン控除などがなければ、そのまま㉜（差引所得税額）と㉞（再差引所得税額）にその数字を記入
- 右列紫色の欄「税金の計算」の㉞（再差引所得税額）の金額に×2.1%し、㉟（復興特別所得税額）に記入
- 右列紫色の欄「税金の計算」の㉞（再差引所得税額）と㉟（復興特別所得税額）を足して㊱（所得税及び復興特別所得税の額）に記入
- 右列紫色の欄「税金の計算」の㊱から㊳（所得税及び復興特別所得税の源泉徴収税額）を差引して、計算の結果マイナスとなった数字を㊵（還付される税金）に記入
- 右列下部「還付される税金の受取場所」欄に、還付金を振り込んでもらう銀行口座（あるいは郵便局）を記入。申告をする人名義の口座であること（夫の申告の場合は妻名義の口座に振り込んでもらうことは不可）。税務署に提出する際には、源泉徴収票と医療費の領収書をつける
- 提出は、管轄税務署（住んでいる場所の税務署）に持参か郵送。郵送の場合は控えを返送してもらうために切手を貼った返信用封筒を入れる

課税所得金額（右列紫色の欄「税金の計算」㉑（課税される所得金額）（A）	税率（B）	控除額（C）	税額＝（A）×（B）－（C）
195万円以下	5%	―	（A）×5%
195万円超 330万円以下	10%	97,500円	（A）×10% － 97,500円
330　〃 695万円以下	20%	427,500円	（A）×20% －427,500円
695　〃 900万円以下	23%	636,000円	（A）×23% －636,000円
900　〃 1800万円	33%	1,536,000円	（A）×3
1800万円超	40%	2,796,000円	

平成25年分　給与所得者の保険料控除申告書 兼 給与所得者の配偶者特別控除申告書

保・配特

給与の支払者受付印

所轄税務署長	給与の支払者の名称（氏名）		（フリガナ）あなたの氏名	㊞
税務署長	給与の支払者の所在地（住所）		あなたの住所又は居所	

◆給与所得者の保険料控除申告書◆

生命保険料控除

	保険会社等の名称	保険等の種類	保険期間又は年金支払期間	保険等の契約者の氏名	保険金等の受取人 氏名	あなたとの続柄	新・旧の区分	あなたが本年中に支払った保険料等の金額（分配を受けた剰余金等の控除後の金額）ⓐ	給与の支払者の確認印
一般の生命保険料							新・旧	ⓐ 円	
							新・旧	ⓐ	
							新・旧	ⓐ	
							新・旧	ⓐ	
	ⓐのうち新保険料等の金額の合計額 A 円			Aの金額を下の計算式Ⅰ（新保険料等用）に当てはめて計算した金額	① （最高40,000円） 円		計（①＋②）	③ （最高40,000円） 円	
	ⓐのうち旧保険料等の金額の合計額 B 円			Bの金額を下の計算式Ⅱ（旧保険料等用）に当てはめて計算した金額	② （最高50,000円） 円		②と③のいずれか大きい金額	㋑ 円	
介護医療保険料								ⓐ 円	
								ⓐ	
	ⓐの金額の合計額 C 円					Cの金額を下の計算式Ⅰ（新保険料等用）に当てはめて計算した金額		㋺ （最高40,000円） 円	
個人年金保険料			支払開始日				新・旧	ⓐ 円	
			支払開始日				新・旧	ⓐ	
			支払開始日				新・旧	ⓐ	
	ⓐのうち新保険料等の金額の合計額 D 円			Dの金額を下の計算式Ⅰ（新保険料等用）に当てはめて計算した金額	④ （最高40,000円） 円		計（④＋⑤）	⑥ （最高40,000円） 円	
	ⓐのうち旧保険料等の金額の合計額 E 円			Eの金額を下の計算式Ⅱ（旧保険料等用）に当てはめて計算した金額	⑤ （最高50,000円） 円		⑤と⑥のいずれか大きい金額	㋩ 円	

計算式Ⅰ（新保険料等用） A、C又はDの金額	控除額の計算式	計算式Ⅱ（旧保険料等用） B又はEの金額	控除額の計算式
20,000円以下	A、C又はDの全額	25,000円以下	B又はEの全額
20,001円から40,000円まで	A、C又はD×½＋10,000円	25,001円から50,000円まで	B又はE×½＋12,500円
40,001円から80,000円まで	A、C又はD×¼＋20,000円	50,001円から100,000円まで	B又はE×¼＋25,000円
80,001円以上	一律に40,000円	100,001円以上	一律に50,000円

生命保険料控除額　計（㋑＋㋺＋㋩）（最高120,000円）　円

地震保険料控除

保険会社等の名称	保険等の種類（目的）	保険期間	保険等の契約者の氏名	保険等の対象となった家屋等に居住又は家財を利用している者等の氏名	あなたとの続柄	地震保険料又は旧長期損害保険料の区分	あなたが本年中に支払った保険料等のうち、左欄の区分に係る金額（分配を受けた剰余金等の控除後の金額）Ⓐ	給与の支払者の確認印
						地震・旧長期	円	
						地震・旧長期		

Ⓐのうち地震保険料の金額の合計額　Ⓑ　円　　Ⓐのうち旧長期損害保険料の金額の合計額　Ⓒ　円

地震保険料控除額　｛Ⓑの金額（最高50,000円）円｝＋｛Ⓒの金額（Ⓒの金額が10,000円を超える場合は、Ⓒ×$\frac{1}{2}$＋5,000円）（最高15,000円）円｝＝（最高50,000円）円

◆給与所得者の配偶者特別控除申告書◆

配偶者特別控除

あなたの本年中の合計所得金額の見積額　（1,000万円を超える場合は申告できません。）　円

（フリガナ）配偶者の氏名

あなたと配偶者の住所又は居所が異なる場合の配偶者の住所又は居所

○　次の場合には、配偶者特別控除を受けることができません。
あなたの配偶者が、配偶者控除の対象となる場合、他の人の扶養親族とされる場合、青色事業専従者として給与の支払を受ける場合又は白色事業専従者に該当する場合には、申告できません。

また、夫婦の双方がお互いに配偶者特別控除を受けることはできません。

○　配偶者の合計所得金額（見積額）を次の表により計算してください。

所得の種類		収入金額等ⓐ	必要経費等ⓑ	所得金額（ⓐ－ⓑ）
給与所得	①	円	650,000 円	（マイナスの場合は0） 円
事業所得	②			
雑所得	③			
配当所得	④			
不動産所得	⑤			
退職所得	⑥		（退職所得控除額）	（ⓐ－ⓑ）×½又は（ⓐ－ⓑ）
①～⑥以外の所得	⑦		（うち特別控除額） 円	（一時所得又は長期譲渡所得は½）
配偶者の合計所得金額（①～⑦の合計額）				A 円

○　配偶者特別控除額の早見表

A欄の金額	控除額 B
0 円から　380,000 円まで	0 円
380,001 円から　399,999 円まで	380,000 円
400,000 円から　449,999 円まで	360,000 円
450,000 円から　499,999 円まで	310,000 円
500,000 円から　549,999 円まで	260,000 円
550,000 円から　599,999 円まで	210,000 円
600,000 円から　649,999 円まで	160,000 円
650,000 円から　699,999 円まで	110,000 円
700,000 円から　749,999 円まで	60,000 円
750,000 円から　759,999 円まで	30,000 円
760,000 円から	0 円

配偶者特別控除額　早見表B欄の金額　円

社会保険料控除

社会保険の種類	保険料支払先の名称	保険料を負担することになっている人 氏名	あなたとの続柄	あなたが本年中に支払った保険料の金額
				円
合計（控除額）				円

小規模企業共済等掛金控除

種類	あなたが本年中に支払った掛金の金額
独立行政法人中小企業基盤整備機構の共済契約の掛金	円
個人型又は企業型年金加入者掛金	
心身障害者扶養共済制度に関する契約の掛金	
合計（控除額）	円

◎この申告書は、平成25年9月1日現在の所得税法等関係法令の規定に基づいて作成してあります。
◎この申告書の記載に当たっては、裏面の説明をお読みください。

平成25年分　給与所得者の扶養控除等（異動）申告書

給与の支払者受付印

扶

（この申告書は、あなたの給与について配偶者控除や扶養控除、障害者控除などの控除を受けるために提出するものです。

この申告書は、控除対象配偶者や扶養親族に該当する人がいない人も提出する必要があります。

この申告書は、２か所以上から給与の支払を受けている場合には、そのうちの１か所にしか提出することができません。）

所轄税務署長等	給与の支払者の名称（氏名）		（フリガナ）あなたの氏名	㊞	世帯主の氏名		配偶者の有無	従たる給与についての扶養控除等申告書の提出（提出している場合には、○印を付けてください。）
税務署長			生年月日	明・大・昭・平　年　月　日	あなたとの続柄			
市区町村長	給与の支払者の所在地（住所）		あなたの住所又は居所	（郵便番号　－　）			有・無	

あなたに控除対象配偶者や扶養親族がなく、かつ、あなた自身が障害者、寡婦、寡夫又は勤労学生のいずれにも該当しない場合には、以下の各欄に記入する必要はありません。

	区分等	氏名	あなたとの続柄	生年月日	老人控除対象配偶者又は老人扶養親族（昭19.1.1以前生）	特定扶養親族（平3.1.2生～平7.1.1生）	住所又は居所	平成25年中の所得の見積額	異動月日及び事由（平成25年中に異動があった場合に記載してください。）
主たる給与から控除を受ける	A 控除対象配偶者			明・大・昭・平　・　・				円	
	B 控除対象扶養親族（16歳以上）（平10.1.1以前生）	1		明・大・昭・平　・　・	同居老親等・その他				
		2		明・大・昭・平　・　・	同居老親等・その他				
		3		明・大・昭・平　・　・	同居老親等・その他				
		4		明・大・昭・平　・　・	同居老親等・その他				
		5		明・大・昭・平　・　・	同居老親等・その他				

C 障害者、寡婦、寡夫又は勤労学生（右の該当する番号及び欄に○を付け、（　）内には該当する扶養親族の人数を記入してください。）	区分＼該当者	本人	控除対象配偶者	扶養親族		左記の内容（この欄の記載に当たっては、裏面の「3　記載についてのご注意」の(2)をお読みください。）	異動月日及び事由（平成25年中に異動があった場合に記載してください。）
1 障害者	一般の障害者			（　人）	2 寡婦		
	特別障害者			（　人）	3 特別の寡婦		
	同居特別障害者			（　人）	4 寡夫		
					5 勤労学生		

D 他の所得者が控除を受ける扶養親族等	氏名	あなたとの続柄	生年月日	住所又は居所	異動月日及び事由	控除を受ける他の所得者　氏名	あなたとの続柄	住所又は居所
			明・大・昭・平　・　・					
			明・大・昭・平　・　・					

◎ **この申告書及び裏面の「申告についてのご注意」等は、平成24年9月1日現在の所得税法等関係法令の規定に基づいて作成してあります。**
◎ 「主たる給与」とは、この申告書を提出した給与の支払者から受ける給与をいい、「従たる給与」とは、それ以外の給与の支払者から受ける給与をいいます。
◎ 控除対象配偶者が**老人控除対象配偶者に該当する場合**には「老人控除対象配偶者又は老人扶養親族」欄に○印を付けてください。
◎ 控除対象扶養親族が**老人扶養親族に該当する場合**には、その**老人扶養親族が同居老親等に該当するとき**は同欄の「同居老親等」の文字を、**同居老親等以外の老人扶養親族であるとき**は「その他」の文字を○で囲んでください。また、控除対象扶養親族が**特定扶養親族に該当する場合**には、「特定扶養親族」欄に○印を付けてください。
◎ **この申告書の記載に当たっては、裏面の「申告についてのご注意」等をお読みください。**

○住民税に関する事項

（住民税に関する事項）16歳未満の扶養親族（平10.1.2以後生）	氏名	あなたとの続柄	生年月日	住所又は居所	平成25年中の所得の見積額	異動月日及び事由（平成25年中に異動があった場合に記載してください。）
	1		平　・　・		円	
	2		平　・　・			
	3		平　・　・			

◎ **「16歳未満の扶養親族」欄は、地方税法第45条の3の2第1項及び第2項並びに第317条の3の2第1項及び第2項に基づき、給与の支払者を経由して市区町村長に提出しなければならないとされている給与所得者の扶養親族申告書の記載欄を兼ねています。**

おわりに

昭和61年（１９８６年）４月に男女雇用機会均等法が施行され、それ以降、女性の生き方は大きく変わってきたような気がします。20代から30代の働く女性が7割を超え、現代の女性には「女性も男性と同じように働くのが当たり前」「自分の人生は自分で選択」といった考えが定着しています。

女性の生き方の選択肢が増えたことは喜ばしいことなのですが、女性しか選択できない「出産」があり、その結果、男性より選択肢が多くなってしまい、選択肢の多さに不安や迷いを覚えている人も多いのではないでしょうか。

また、インターネットの発達によって、すぐに手軽に情報を得られるようになった一方で、あやふやな情報も多く、その玉石混淆《こんこう》の中から、正しい情報を選択できる目を養わなければならなくなってきています。

この本は、なにかと複雑なお金や税金、法律の制度の話をなるべくわかりやすく説明することに重きをおきましたので、すべてを詳細に網羅はできていませんが、正しい情報に行き着く目印は示したつもりです。

読者の方の選択に役立つところや気になるところがあれば、公的機関や名前をだしている国家資格者が発信する情報、適切な団体や専門家への問合わせによって、詳細を確認していただければと思います。

この本が、女性の人生におけるバイブル的な存在になり、読んでいただいたあなたに、「知っててよかった!」といつか思っていただけると嬉しいです。

【著者略歴】

平成14年税理士登録。元銀行員。武田美都子税理士事務所所長、近畿税理士会左京支部所属。(株)たっくす・こんしぇるじゅ代表取締役。
「所長税理士自身が対応する」をモットーに、税理士業務の他、コンサルティングや経営相談等、積極的に行っている。また、わかりやすい言葉づかいを心がけ各種セミナー講師としても活動。“お財布コンシェルジュ”として、女性を対象としたマネー診断やお財布セミナーを銀座三越、日本橋三越本店等の百貨店や、朝日放送テレビ、KBS京都、ABCラジオ等各種メディアへの出演にて、人気を博している。

“はんなり美人《びじん》”のお財布術《さいふじゅつ》 上手《じょうず》にためて、かしこく使《つか》う

2014年6月6日　発行

著　者　武田《たけだ》 美都子《みつこ》 ©

発行者　小泉 定裕

発行所　株式会社 清文社
東京都千代田区内神田1－6－6（MIFビル）
〒101-0047　電話03(6273)7946　FAX03(3518)0299
大阪市北区天神橋2丁目北2－6（大和南森町ビル）
〒530-0041　電話06(6135)4050　FAX06(6135)4059
URL http://www.skattsei.co.jp/

印刷：大村印刷㈱

ISBN978-4-433-53884-2